U0638002

"十二五"国家重点图书出版规划项目

社会系列

平凉史话

A Brief History of Pingliang

刘万民 主编

社会科学文献出版社
SOCIAL SCIENCES ACADEMIC PRESS (CHINA)

总　序

　　中国是一个有着悠久文化历史的古老国度，从传说中的三皇五帝到中华人民共和国的建立，生活在这片土地上的人们从来都没有停止过探寻、创造的脚步。长沙马王堆出土的轻若烟雾、薄如蝉翼的素纱衣向世人昭示着古人在丝绸纺织、制作方面所达到的高度；敦煌莫高窟近五百个洞窟中的两千多尊彩塑雕像和大量的彩绘壁画又向世人显示了古人在雕塑和绘画方面所取得的成绩；还有青铜器、唐三彩、园林建筑、宫殿建筑，以及书法、诗歌、茶道、中医等物质与非物质文化遗产，它们无不向世人展示了中华五千年文化的灿烂与辉煌，展示了中国这一古老国度的魅力与绚烂。这是一份宝贵的遗产，值得我们每一位炎黄子孙珍视。

　　历史不会永远眷顾任何一个民族或一个国家，当世界进入近代之时，曾经一千多年雄踞世界发展高峰的古老中国，从巅峰跌落。1840 年鸦片战争的炮声打破了清帝国"天朝上国"的迷梦，从此中国沦为被列强宰割的羔羊。一个个不平等条约的签订，不仅使中国大量的白银外流，更使中国的领土一步步被列强侵占，国库亏空，民不聊生。东方古国曾经拥有的辉煌，也随着西方列强坚船利炮的轰击而烟消云散，中国一步步堕入了半殖民地的深渊。不甘屈服的中国人民也由此开始了救国救民、富国图强的抗争之路。从洋务运动到维新变法，从太平天国到辛亥革命，从五四运动到中国共产党领导的新民主主义革命，中国人民屡败屡战，终于认识到了"只有社会主义才能救中国，只有社会主义才能发展中国"这一道理。中国共产党领导中国人民推倒三座大山，建立了新中国，从此饱受屈辱与蹂躏的中国人民站起来了。古老的中国焕发出新的生机与活力，摆脱了任人宰割与欺侮的历史，屹立于世界民族之林。每一位中华儿女应当了解中华民族数千年的文明史，也应当牢记鸦片战争以来一百多年民族屈辱的历史。

当我们步入全球化大潮的21世纪，信息技术革命迅猛发展，地区之间的交流壁垒被互联网之类的新兴交流工具所打破，世界的多元性展示在世人面前。世界上任何一个区域都不可避免地存在着两种以上文化的交汇与碰撞，但不可否认的是，近些年来，随着市场经济的大潮，西方文化扑面而来，有些人唯西方为时尚，把民族的传统丢在一边。大批年轻人甚至比西方人还热衷于圣诞节、情人节与洋快餐，对我国各民族的重大节日以及中国历史的基本知识却茫然无知，这是中华民族实现复兴大业中的重大忧患。

中国之所以为中国，中华民族之所以历数千年而不分离，根基就在于五千年来一脉相传的中华文明。如果丢弃了千百年来一脉相承的文化，任凭外来文化随意浸染，很难设想13亿中国人到哪里去寻找民族向心力和凝聚力。在推进社会主义现代化、实现民族复兴的伟大事业中，大力弘扬优秀的中华民族文化和民族精神，弘扬中华文化的爱国主义传统和民族自尊意识，在建设中国特色社会主义的进程中，构建具有中国特色的文化价值体系，光大中华民族的优秀传统文化是一件任重而道远的事业。

当前，我国进入了经济体制深刻变革、社会结构深刻变动、利益格局深刻调整、思想观念深刻变化的新的历史时期。面对新的历史任务和来自各方的新挑战，全党和全国人民都需要学习和把握社会主义核心价值体系，进一步形成全社会共同的理想信念和道德规范，打牢全党全国各族人民团结奋斗的思想道德基础，形成全民族奋发向上的精神力量，这是我们建设社会主义和谐社会的思想保证。中国社会科学院作为国家社会科学研究的机构，有责任为此作出贡献。我们在编写出版《中华文明史话》与《百年中国史话》的基础上，组织院内外各研究领域的专家，融合近年来的最新研究，编辑出版大型历史知识系列丛书——《中国史话》，其目的就在于为广大人民群众尤其是青少年提供一套较为完整、准确地介绍中国历史和传统文化的普及类系列丛书，从而使生活在信息时代的人们尤其是青少年能够了解自己祖先的历史，在东西南北文化的交流中由知己到知彼，善于取人之长补己之短，在中国与世界各国愈来愈深的文化交融中，保持自己的本色与特色，将中华民族自强不息、厚德载物的精神永远发扬下去。

《中国史话》系列丛书首批计 200 种，每种 10 万字左右，主要从政治、经济、文化、军事、哲学、艺术、科技、饮食、服饰、交通、建筑等各个方面介绍了从古至今数千年来中华文明发展和变迁的历史。这些历史不仅展现了中华五千年文化的辉煌，展现了先民的智慧与创造精神，而且展现了中国人民的不屈与抗争精神。我们衷心地希望这套普及历史知识的丛书对广大人民群众进一步了解中华民族的优秀文化传统，增强民族自尊心和自豪感发挥应有的作用，鼓舞广大人民群众特别是新一代的劳动者和建设者在建设中国特色社会主义的道路上不断阔步前进，为我们祖国美好的未来贡献更大的力量。

陈奎元

2011 年 4 月

出版说明

　　自古至今，始终坚持不懈地从漫长的文明进程中不断总结历史经验教训，从中汲取有益营养，从而培植广阔的历史视野，并具有浓厚的历史意识，这是我们中国文化独有的鲜明特征，中华民族亦因此而以悠久的"重史"传统著称于世。在整个人类文明史上独一无二、系统完备的"二十四史"即证明了这一点。

　　中华人民共和国成立后，历史知识普及工作被放到十分重要的位置。20世纪五六十年代，著名历史学家吴晗主持编写的《中国历史小丛书》，90年代中国社会科学院院长胡绳组织编写的《中华文明史话》和《百年中国史话》，成为"大家小书"的典范，而后两套历史知识普及丛书正是《中国史话》之缘起。

　　2010年年初，为切实贯彻中央关于"做好历史知识普及工作"的指示精神，同时也为了更好地弘扬中国传统文化，我们对《中华文明史话》和《百年中国史话》

两套丛书的内容进行了修订和增补，重新设计框架，以"中国史话"为丛书名出版。第十一届全国政协副主席、时任中国社会科学院院长陈奎元亲任《中国史话》一期编委会主任，时任中国社会科学院副院长武寅任编委会副主任。正是有了各级领导的关心支持和诸多学术名家的积极参与，《中国史话》一期 200 种图书得以顺利出版，并广受好评。

《中国史话》丛书的诞生，为历史知识普及传播途径的发展成熟，提供了一种卓具新意的形式。这种形式具有以通俗表述、适中篇幅和专题形式展现可靠历史知识的特征。通俗、可靠、适中、专题，是史话作品缺一不可的要素，也是区别于其他所有研究专著、稗官野史、小说演义类历史读物的独有特征。

囿于当时条件，《中国史话》一期的出版形式不尽如人意，其内容更有可以拓展的广阔空间，为此 2013 年 4 月我们启动了《中国史话》二期出版工作。《中国史话》二期分为经济、政治、文化、社会和生态五大系列，拟对中国各区域、各行业、各民族等的发展历史予以全方位介绍。我们并将在适当时机，启动《世界史话》的出版工作。史话总规模将达数千种。

我们愿携手海内外专家学者，将《中国史话》《世界史话》打造成以现代意识展现全部人类历史和人类文明，集学术性、知识性、趣味性于一体的"万有文库";并将承载如此丰厚内容的史话体写作与出版努力锻造成新时期独具特色的出版形态。

希望史话丛书能在形塑民族历史记忆、汲取人类文明精华、培育现代国民方面有所贡献,并为广大读者所喜爱。

史话编辑部

2014 年 6 月

目 录
Contents

序

作为大型系列历史文化丛书《中国史话》之分册的《平凉史话》，在丛书编委会的精心指导和全体编撰人员的共同努力下，终于告竣，即将付梓。这本地方文史类编著，虽然只有几万字，但由于纲目设置清晰，编纂体例合理，图文并茂，词约意丰，较为全面地展示了平凉的历史沿革、重大事件、古今名人、文物古迹、风景名胜和文化遗产，具有一定的学术性和可读性。它的出版，对于宣传平凉悠久灿烂的历史文化，展示平凉淳厚古朴的风土人情，推介平凉得天独厚的优势资源，提高平凉的知名度和影响力，必将发挥其应有的作用。

平凉地处陕甘宁三省（区）交汇处，是华夏古文明在黄河中上游的重要发祥地之一。特别是周秦汉唐时期，由于这里一直是历代政治经济文化中心长安的重要门户和丝绸之路东段重镇，且气候适宜，土壤肥沃，人口稠密，士农工商无不发达，建府立州，安营驻军，素为朝廷所倚重。特殊的人文环境和地理位置，使平凉曾经在传递中华文化血脉、吸收外来文化营养的历史进程中，发挥过应有的作用，成为丝绸之路上中西文化、中原与西北少数民族文化交流融合的舞台。

在漫长的历史长河中，平凉以其灿烂的历史文化和雄秀的自然风光，吸引了许多帝王将相、墨客骚人和各界名流关注的目光，发生了许多重大的历史事件。秦始皇、汉武帝先后西巡崆峒，登临揽胜；前秦苻坚在这里厉兵秣马平定前凉，始名平凉；秦王李世民在泾州大破敌军，雄才初展；李白杜甫寄兴崆峒，引吭高歌。千百年来，这里既有结队商驼、征战将士和学者僧侣等络绎不绝的盛况，还有林则徐、谭嗣同等爱国人士留下的闪光足迹，以及毛泽东等老一辈革命家播下的革命火种。古老而神奇的平凉，不仅赢得了历史的垂青和英杰的眷顾，而且还哺育了一代代文韬武略、彪炳史册的人物，如被匈奴称为"飞将军"的西汉名将李广，魏晋时的中华针灸鼻祖皇甫谧，南宋时的著名将领吴玠、吴璘、刘锜，明代被誉为"嘉靖八才子"之一的赵时春，清初时受到雍正、乾隆两代皇帝嘉奖的一代能吏慕天颜等，其德、其功、其言，永留天地之间，与崆峒比肩，伴泾水而长流。

平凉，还是一块山川雄秀、名胜众多的旅游胜境，沿陇山及其余脉这条雄浑奇特的，集地质、地貌、动植物和人文景观为一体的风景线，形成了100多处星罗棋布、独具特色的风景名胜，其中尤以道源圣地崆峒山、伏羲氏诞生地古成纪、西王母故里回中宫、文王祭天的古灵台、国家级森林公园云崖寺等闻名遐迩。在徜徉自然山水的同时，我们还不能不为留存在这块土地上众多的文物古迹而惊叹，也不能不为独具地方特色的丰富的非物质文化遗产而感喟，如被誉为"中华文物之最"的大云寺佛祖舍利金银棺、灵台县西周青铜器与玉质人俑、南宋货币银合子等文物，被列入国家级非物质文化遗产保护名录的华亭曲子戏、西王母信俗、庄浪高抬等民间文化，既是历史发展的见证，又是珍贵的、具有重要价值的文化资源，具有鲜明的地域特色和较高的文化品位，是古人馈赠给我们的一笔弥足珍贵的财富。

厚重的历史积淀，给予了今天生活在这片热土上的人们丰富的精神支撑；良好的生态环境，造就了这片土地热情奔放率真的淳朴民风；对未来的美好憧憬，又使得平凉人民不断开拓进取，书写着无愧于时代的崭新篇章。

改革开放以来，特别是近年来，平凉人民发扬"包容、和谐、务实、进取"的平凉精神，抢抓国家扶持政策叠加的大好机遇，紧紧围绕"煤电、草畜、果菜、旅游"四大产业开发和西电东送、陕甘宁交汇区交通、西兰银几何中心物流三大枢纽建设等历史重任，加快转型升级，促进科学发展，平凉正朝着小康平凉、和谐平凉、文明平凉、生态平凉的宏伟目标迈进。

平凉怀灵蛇之珠，抱荆山之玉，但由于各种原因，却并不为外界所熟知。《平凉史话》能借助"十二五"国家重点图书出版规划项目的品牌之力，作为《中国史话》之分册正式出版发行,不仅是全市文化领域的一件喜事,更是功在当代、利在千秋的一件实事。在此,我谨向为此书的编撰和出版付出心血的《中国史话》编委会各位领导和专家、责任编辑和全体编撰人员,表示衷心的感谢!

陈伟

2014 年 4 月

引　言

　　平凉位于甘肃省东部，陕（西）、甘（肃）、宁（夏）三省（区）交汇处，横跨关山（陇山）东西两翼，东邻陕西咸阳，西连甘肃定西、白银，南接陕西宝鸡和甘肃天水，北与宁夏固原、甘肃庆阳毗邻，是西安、兰州、银川地理大三角的中心和欧亚大陆桥第二通道的重要中转站，也曾是古丝绸之路的东部要塞、拱卫中原的军事重镇和商贾云集的"旱码头"。2002年撤地设市，辖崆峒和泾川、崇信、灵台、华亭、庄浪、静宁1区6县，102个乡镇，总面积1.1万平方公里，人口233.9万，有汉、回、蒙古、满等18个民族。

　　平凉属黄河中游黄土高原丘陵沟壑区，以关山（六盘山南端）为主体的高山和以黄土为主体的高原构成了全市的基本地貌。由于泾河水系和渭河水系的长期切割及严重的水土流失，形成了沟、梁、峁、壑等多种地貌奇观。市境中部（包括崆峒区西南部及华亭县全境）是以纵穿南北的关山及其支脉为主的高山峡谷地带，山高谷深，植被茂密，形成了崆峒山、太统山、云崖寺、莲花台等著名自然景观，也是发展畜牧业的绝佳境地。关山以西、渭河支流葫芦河和庄浪河流域的静宁、庄浪两县，以关山余脉形成的山梁、丘陵和沟壑为多，是林果、小杂粮的适生区。关山以东的崆峒区大部及崇信、泾川、灵台县广大地域，则为被泾河及其支流汭河、黑河、达溪河、红河等切割成的条块状高原和宽阔的河谷川台地为主，是甘肃省重要的产粮区之一。

得天独厚的气候条件和自然环境惠泽了平凉，使之成为我国农业生产的发祥地之一。周祖公刘时期，就在泾河流域创造了先进的农耕文化，自古迄今，素以"陇东粮仓"之称享誉天下。中华人民共和国成立后，全市多个县区先后获得国务院、农业部"粮食生产先进地区（县）"荣誉称号，泾川县被命名为"全国绿化先进县"，庄浪县被命名为全国第一个"中国梯田化模范县"。平凉还是农业部划定的"全国苹果最佳适生区"之一。

畜牧业是平凉的传统优势产业，新石器时期，平凉就出现了原始畜牧业。西周时，牛已被作为耕畜使用。秦代，乌氏（今平凉）还出了个历史记载中最早，也是唯一的畜牧家——倮（赢），其所牧牛马之多要以山谷来计数。西汉至明，平凉是大规模养马的官办马场，并设有"监""苑""牧""寺"等各级管理机构。现今，以"平凉红牛"为著名品牌的"关山肉牛基地"，为全国肉牛优势发展区、甘肃省列重点建设项目，已形成了养殖、加工、营销一体化的经营格局。

平凉历史源远流长，文化底蕴深厚。境内已发现的 12 处旧石器时代文化遗址和 1000 余处新石器时代文化遗址，肇启了平凉古文明的曙光。在漫漫的历史长河中，平凉大地留下了秦始皇、汉武帝巡疆固土，前秦苻坚平定前凉，李世民讨灭薛举，成吉思汗驻跸陇山，左宗棠运筹帷幄、远定新疆及林则徐、谭嗣同、冯玉祥等爱国人士的历史足迹。物华天宝、人杰地灵的平凉还孕育了针灸鼻祖皇甫谧、唐朝宰相牛僧孺、抗金名将吴氏兄弟、明代才子赵时春等众多文韬武略、彪炳史册的杰出人物。

平凉还是一块播撒红色火种的土地。1927 年，这里就成立了甘肃最早的中共三大特支之一———中共平凉特别支部。土地革命时期，刘志丹、谢子长等老一辈无产阶级革命家曾在此搞过多次兵运斗争。毛泽东、周恩来率领的红一方面军和吴焕先、程子华、徐海东率领的红二十五军长征时，转战平凉数县区。罗炳辉、宋任穷率领的追击军和刘伯承、张浩、宋任穷率领的援西军等，都在这里进行过艰苦卓绝的革命斗争。先辈们用血与火铸就的革命精神，是平凉人民最宝贵的财富。新中国成立后，平凉人民继承和发扬了光荣的革命传统，连续多年被评为全国"双拥模范城"。

平凉山川形胜，甲于关塞，拥有国家 AAAAA 级旅游景区、国家地质公园、"中国最值得外国人去的 50 个地方之一"的崆峒山及 AA 级至 AAAA 级旅游景区云崖寺、龙泉寺、莲花台、回山、太统山、柳湖等人文景观 100 多处，已成为甘肃东部最具吸引力的旅游胜地。

平凉文化遗产富集，现有各个历史时期的馆藏文物 4 万余件。崆峒山被公认为道教之源，又是以大云寺—王母宫、南石窟寺和百里石窟长廊为代表的佛教文化圣地之一。华亭曲子戏、庄浪社火—高抬、泾川西王母信俗等非物质文化遗产已被列为国家级保护项目，平凉纸织画、马尾荷包、崆峒笑谈、春官说诗、灵台木偶戏、平凉剪纸、安口陶瓷等21项被列为甘肃省非物质文化遗产保护项目，另有市级非物质文化遗产保护项目92个。

平凉交通、通信方便快捷。随着华亭煤田、灵台煤田、红河油田的开发，平凉、崇信、华亭电厂及一大批煤电化企业的建成投产，各种农业新技术的普遍推广，文物、非物质文化遗产的有效保护和利用，西（安）平（凉）、天（水）平（凉）铁路及平凉飞机场的陆续开建，平凉正向着西部重要的能源化工基地、全国旱作农业技术推广示范区、华夏文明传承创新区、陕甘宁三省（区）交通枢纽及物流中心的宏伟目标跨越发展。

水岸新城

一 历史沿革

1 史前沧桑

民国时期，地质工作者在今崆峒区、华亭县和泾川县境内的太统山延伸带发现了奥陶纪和志留纪的标准生物化石——笔石（漂浮在静水海湾或深水盆地的一种海生群体动物），此后，又在崆峒区鸭儿沟灰黑色岩层中发现了同样的化石，从而证明：远在 5 亿年前的平凉是沉在深水海底的。到了中奥陶纪后，陆地上升，海水退居海盆中心，太统山才慢慢升起，成为平凉地质史上年龄最长的先辈。到距今约 3 亿年后的中生代，静水湖泊变浅，六盘山、关山、崆峒山等相继升出水面，平凉大地变成一片植物茂盛的沼泽。沼泽和浅水湖中有狼鳍鱼等鱼类游弋，陆地上有嘉峪恐龙爬行，沼泽周边被锥叶蕨、栉羊齿、苏铁杉、楔拜拉、裂银杏等蕨类植物和成片的森林覆盖着，呈现出生机盎然的景象。约 2 亿年后的白垩纪晚期，气候急剧变冷，地壳发生巨大变化，剧烈的造山运动将大片森林埋入地下，堆积成了涵盖今关山以东五县区的大煤田。

距今7000万年前，气候复暖，幸存的动植物空前活跃，还出现了许多新的高级物种，主要有原鼢鼠、平凉爪兽、三趾马、犀牛、古麟、陆龟、剑齿虎、猎狗、野牛、水牛、捻角羚、大角鹿、赤鹿、驼、野猪、獾、鼠兔、三门马、黄河象、乳齿象等，以及在平凉首次发现的五棱齿象、古菱齿象、陇东剑齿象三种象类新种。其中在崆峒区大秦乡沙塬子发现的平凉古菱齿象（游河象），是古菱齿象向亚洲象过渡时期的典型代表，是最原始的古菱齿象的后裔、亚洲象的直系祖先，在象类进化史上占有重要地位。

旧石器时代早期，平凉境内的关山两麓就有了人类活动的踪迹。1976年夏，在泾川县太平乡梅家山大岭上的一套红色古土址条带层中发现了40余件石制品，其中有砍砸器、刮削器、尖状器和大尖状器等。这套石器所在地层属中更新纪晚期，与蓝田公主岭、镇原白家塬等标准地层相当，上层绝对年代约20万年，下层约50万~60万年。另外，在泾川县梁河迁家沟、泾明宋家、灵台县邵寨等地的红色土层中也找到了一些中更新纪早中期的线索。

1979年，在静宁李店刘家沟的马兰黄土层中，发现一只基本完好的赤鹿角化石，上有两个分叉，人工砍斫痕迹非常明显。1982年3月，在庄浪县南湖镇双堡子沟也发现了属于旧石器时代晚期的地点，同年11月发现了第二地点。1985年在庄浪县朱店乡庄浪河两岸的长尾沟又发现了新地点，1988年发现了第二地点，并在第二地点剖面下方发现了脱层的人类头骨化石。

1974年初，在泾川县泾明乡白家村牛角沟发现了一件打制精美的石球和两件石片。1975年初又在同一地点发现了人类头盖骨化石、几十件石制品和马、鹿、披毛犀牛、中华鼢鼠等伴生动物化石。石制品有石核、石片、砍砸器、刮削器、尖状器、石球等，部分石器上还留有雕刻的痕迹。牛角沟地点的年代与萨拉乌苏、峙峪遗址大体相当，距今约3万~5万年，这是甘肃境内第一个出土人化石的地点。20世纪80年代初，又在已发现的泾川合志沟前段黄土砾石层中发现了一片晚期智人的头盖骨化石。此外，在泾川县的南峪沟、桃山嘴、明武沟，崇信县赤城的堡子沟以及灵台县雷家河等地，又相继发现了旧石器时代晚期的遗存。

大约进入1万年前的新石器时代后，石器的加工技术已普遍使用了"打—琢—磨"的工艺流程。平凉境内发现的仰韶文化早中期石器大多数都是以琢制为主，只在刃口磨制加工。而在齐家文化遗址中发现的石器则通体磨光的比较多，边棱平直，制作精美，增强了实用性，体现出审美情趣的进步。

陶器的发明和制陶业的发展也是新石器时代的一大特点。崇信县刘家沟仰韶文化遗址中发现了两处陶窑，其中一处保存相当完整，窑下部的火塘有火眼三道，窑腔弧形鼓腹，窑底圆形平面，周围有火道一圈。点火试烧，浓烟过后，窑底的火道像一个金色的光环熊熊燃烧，十分壮观。可见当时人们修造陶窑的技术已相当高超。在今庄浪县万泉乡的齐家文化窑址中，还发现有未烧成的陶器多件。

新石器时代，人们已经开始修建房屋，彻底摆脱了居住天然洞穴的状态。平凉发现的聚落居址大多在依山近水、背风向阳的河流川道二台地上，特别是两河交汇的三角地带。崇信县刘家沟发掘的一座圆形房址，直径近 10 米，面积达 30 多平方米，内有圆形火塘、保存火种的方坑和数量较多的大小陶器残片，地面用白灰抹光，平整光洁。灵台县中台镇仰韶文化时期的西山遗址和白村山遗址中，很多房基地面都铺垫了一层厚约 10 厘米的物质。白村山房址中已暴露这样地面的有十多处，西山遗址中的一座大房子，长度超过 20 米，地面上铺垫的"混凝土"非常坚硬，表面呈青灰色，与现在的水泥非常相似。灵台县西屯乡乔村齐家文化遗址中发现的房址，距今已有 3900 多年。静宁县雷达乡还发现了先民们挖掘的窑洞，窑壁经火烧烤，呈砖红色。常山下层文化和齐家文化的房址地面几乎都用白灰抹平，说明当时的人们对居住条件已十分讲究。

新石器时代平凉的原始农牧业也有发展。静宁县雷达乡发现了一座齐家文化时期的谷窖，底部宽约 2 米，碳化谷贮存的厚度达 1 尺多。灵台县草麦店遗址中的谷窖，谷粒与黄土呈层状混在一起，达 1 米多厚。庄浪、泾川也发现过同时期的谷窖，说明这一时期以谷物（粟）为主的原始农业已相当发达。从崆峒区苏家台遗址中发现的不少鹿类下颌骨和鹿角以及在崇信、灵台、泾川多处新石器晚期遗址中发现的大量猪牙和猪的下颌骨等来看，新石器时代晚期平凉的畜牧业也已相当发达。

截至 2013 年底，平凉境内已发现新石器时代遗址 1000 多处。文化类型有大地湾一期、仰韶文化半坡型、庙底沟型、石岭下型、马家窑型、半山型、常山下层文化、客省庄二期文化和齐家文化等。可见，平凉为新石器时代中原文化和西部文化的交汇点，早在四五千年前就是各民族的文化交流带。

2 建置演变

相传大禹治水时，划天下为九州，便民避水而居，平凉属雍州（《尚书·禹贡》）。

据《史记·殷本纪》载："契为子姓，其后分封，以国为姓，有殷氏、来氏、宋氏、空桐氏……"出自战国时史官之手的《世本》有"空同氏，子姓，盖因空同山也"之语，说明殷商时期平凉崆峒区一带是空同氏封国的疆域。从境内出土的商代铜爵、铜瓶等器物也可得到确证。与此同一时期或略晚些时候，境内有密须（亦称密）、阮、共、卢、芮、彭等小国，分别位于今关山以东五县区，关山以西则为昆夷居地。周文王（即西伯公姬昌）受命三年（前 1062），密须国（姞姓，都城在现灵台县百里乡）为周所灭，另封同姓属国"密"于原境。周恭王三年（前 920），因密康公私纳三美女为妻妾，违犯了周礼，密国被恭王攻灭。今关山以东诸县（区）皆归周辖。

周立国前后，西方的猃狁、昆夷、薰育（统称戎）等民族，时聚时散，时强时弱，曾多次入侵周境，平凉成为几方争夺的主要地区之一。周穆王十二年（前965），以"戎狄不贡"为由，西征犬戎，俘戎五王，又得白鹿、白狼各四只，并将戎之一部迁居于"太原"即今平凉、固原、庆阳一带。周幽王被犬戎逐杀后，其子平王东迁洛邑（今河南洛阳），包括平凉在内的北方广大地区，皆为戎人所据。又过了130多年，逐渐强盛起来的秦国，向北扩张，至秦穆公三十七年（前623年），秦举兵伐戎，"益国十二，开地千里"，成为西方霸主，今平凉辖区大部属秦。此后位于今庆阳市宁县境内的义渠戎逐渐进化至以农耕为主的部落，国力日强，城堡坚固，曾两度主动出击，深入秦境。秦惠文王更元六年（前319）置乌氏县于今崆峒区内，更元十年（前315），集结强兵，攻取义渠戎25城。此后，秦昭王节节逼近，迫使戎族败退。昭王二十八年（前279），置陇西郡（治所在今临洮县境），今静宁、庄浪县境，亦归秦辖。昭王三十五年（前272），"秦灭义渠"，置北地郡（今宁县境），今崆峒、泾川、灵台、崇信4县（区）及今华亭北部属之。至此，今平凉全境皆纳入秦国统辖范围之内。

秦王嬴政二十六年（前221），统一全国，推行郡县制。今静宁、庄浪隶属陇西郡，华亭、崇信南部地区直属京畿内史，其余县区皆归北地郡统辖。翌年（前220），秦始皇带领大批人马踏上了"巡陇西、北地"二郡的巡边之旅，并"出鸡头山（崆峒山），过回中焉"，今平凉这块土地上留下了中国历史上第一个皇帝的足迹。

秦始皇二十七年（前220），新置鹑觚县于今灵台县邵寨原后，另置成纪县（今静宁县南）、卤县（治今崇信）。

汉高祖刘邦二年（前205）十一月，于今静宁县城南新置阿阳县。汉武帝元鼎三年（前114），析北地郡置安定郡（治今宁夏固原），分陇西郡置天水郡（治今通渭县），同时置临泾县于今泾川县水泉寺。元封五年（前106），在全国设立13个刺史部，今六盘山以东5县（区），除鹑觚县划归朔方刺史部北地郡、今华亭县南部隶属右扶风所辖外，其余皆属凉州刺史部安定郡，六盘山以西今静宁、庄浪两县则隶属凉州刺史部天水郡。

当时，今静宁、庄浪县境内有成纪、阿阳和街泉3县，今六盘山以东5县境内有乌氏、泾阳、朝那、阴密、卤、临泾、阴槃（今泾川县与陕西长武县交界处）、安定（今泾川县东北部及镇原县东南部）、爰得（今泾川县与灵台县之间）和月氏道（今崆峒区白水镇与崇信县黄寨乡一带），计10县（道）。

东汉初，将原北地郡所辖鹑觚县划归安定郡，安定郡统辖乌氏、泾阳、朝那、阴密、卤、临泾、阴槃、安定、爰得、安民、鹑觚等县和月氏道。光武帝建武六年（30）废安定、爰得2县，其地并入临泾。明帝永平十七年（74），天水郡易名汉阳郡，辖今静宁、庄浪2县。

永初五年（111）三月，东汉政府迫于羌人接二连三的起义，将安定郡、县连同辖区的百姓一齐迁往美阳（今陕西武功）。顺帝永建四年（129）恢复原制，然而故土已是千里一片荒凉，百姓死亡不可胜数，只好将迁回的安定郡移治于临泾（今泾川县水泉寺）。原位于今宁夏境内的朝那、三水（后废）

和今崆峒区境内的乌氏，也分别侨置于今泾川和灵台县境内。建安十八年（213）后，今平凉所辖六盘山东、西两侧各县、区分属雍州安定郡和汉阳郡。

三国时期，今平凉市境属曹魏辖境。

西晋初，今辖区沿曹魏建制，只是在今崆峒区境内新置都卢县。武帝泰始五年（269），分雍、凉、梁三州部分属地置秦州，成纪属秦州天水郡；广魏郡改称略阳郡，治临渭（今天水市东北部），省阿阳县，其辖境及今庄浪县境属略阳郡。

十六国时，今平凉辖境先后由前赵、后赵、前秦、后秦和大夏统辖。其间，战乱频仍，多见州郡，常有郡无县或废县。

前赵初，今辖区分属安定郡、陇东郡、天水郡。前赵光初十年（327），今平凉全境分属天水、陇东、安定、略阳四郡。

晋太元元年（376），前秦苻坚灭前凉，取"平定前凉"之意，置平凉郡，辖今崆峒区大部分区域和华亭、崇信二县北部地区，这是"平凉"作为地名之始。成纪仍属秦州天水郡，今庄浪县境仍属略阳郡。

后秦姚苌于建初元年（386）称帝，都长安，但他仍"以安定（今泾川境）为根本"，"徙民以实之"，可见他对安定战略地位的看重。时秦州统略阳郡，安定、平凉二郡为雍州所领。大夏时，原安定、平凉二郡所领县属凉州天水郡。

南北朝时，今辖区先后隶属北魏、西魏和北周。北魏太武帝始光五年（428），魏军追击夏主于上邽，赫连昌退守平凉，坠马被擒，赫连勃勃第五子赫连定收拢余众数万据守平凉，即皇帝位，改元胜光，平凉成为大夏国都，辖区仅安定、阴密、平凉、胡空堡等城镇。翌年，迁关中3万户充实安定，同时将阴槃县从京兆移至今崆峒区四十里铺镇泾河北岸，并置平原郡。

夏胜光三年（430），魏太武帝拓跋焘灭赫连定，置泾州于临泾（今泾川县水泉寺一带），辖安定、平凉、赵平、新平、陇东、平原6郡。翌年灭夏，以平凉郡取代平原郡。

西魏时，置总府（亦称总管府）于安定，先后辖泾州等五州。泾州辖安定郡（治安定县）和平凉郡（治阴槃县），并新置安武县（原临泾县境）、安武郡（治朝那，即今泾川西北和镇原东南部），又将鹑觚县移至今灵台县东南，属赵平郡。

北周时，废赵平郡，原辖鹑觚县划属安定郡。武帝建德元年（572），新置平凉县（治阳晋川），辖今崆峒区大部，属原州长城郡。

隋文帝开皇三年（583），废郡置州。

炀帝大业元年（605），置良原县（今灵台县梁原乡）、华亭县（今华亭县境），并析鹑觚县置灵台县。大业三年（607）废州复郡。安定郡治安定县（今泾川），辖安定、鹑觚、阴槃、良原、朝那、临泾（移今镇原县）、华亭7县。六盘山西侧的阿阳县并入成纪（何时复置不详），隶属天水郡。今庄浪县境，分属成纪县和陇城，今崇信县境分属阴槃县与良原县。

唐高祖武德元年（618），安定郡复为泾州。太宗即位后，划全国为10道，今辖境多属关内道。今崆峒区及崇信县偏北部分属原州，阴槃、安定、良原属泾州，华亭县属陇州，成纪属秦州，今静宁北部及今庄浪县境辟为牧地，属南监牧使管辖。贞观元年（627），灵台县并入麟游，属岐州。朝那县在此前后并入临泾和安定。

玄宗开元五年（717），将原治于阳晋川的平凉县移至泾水南（具体位置尚未考确）。开元二十二年（734），位于今静宁县治平乡的成纪古城毁于地震，成纪县移至今秦安县的显亲川。天宝元年（742），改州为郡，泾州改为安定郡，原州改为平凉郡（治固原）。灵台县从麟游析出复置，废鹑觚县，并入灵台县。阴槃县改称潘原县，皆隶属安定郡。

"安史之乱"后，肃宗即位，于乾元元年（758）改安定郡为保定郡，随后改郡为州，原属县未变。乾元二年六月，由彬宁节度使统辖泾州。

"安史之乱"期间，边防精兵内调平乱，吐蕃乘机入侵。肃宗宝应元年（762），平凉西南及兰、秦、渭近10个州，河西、陇右大部陷于吐蕃。代宗广德元年（763）九月，吐蕃轻取泾州，不久占据了京都长安。后在郭子仪等部的压力下，吐蕃兵退至原州等地，地区境内只有灵台免遭屠掠，而泾州、平凉、潘原、临泾等城垣皆被毁圮。六盘山以西今静宁、庄浪县境，全成了吐蕃的领地。代宗大历三年（768）十二月，泾原节度使马璘进驻泾州，恢复州的建制，并上表置行原州于灵台县的百里城。

德宗贞元四年（788），恢复平凉县建制。同年，陇右节度使李元谅新筑崇信城。十一年（795）又复置潘原县于原址（今崆峒区四十里铺泾河北岸）。十九年（803），将行原州从灵台县百里城移治于平凉城。

宪宗元和四年（809），置行渭州于平凉，省平凉、潘原二县。

唐僖宗广明元年（880），吐蕃兵再次攻占平凉城，中和四年（884）收复后，行渭州去"行"字，改称渭州。

唐末，原泾原节度改称彰义军节度，辖泾州、渭州、武州（治潘原县）。泾州辖灵台、良原和保定三县。渭、武二州皆以州代县。今静宁、庄浪县境，仍为吐蕃所据。

昭宗天复元年（901），李茂贞晋爵，以岐王之名独霸一方，在唐亡后的 16 年内，泾州、渭州和武州都隶属岐。

后梁太祖开平二年（908），泾、渭、武三州属后梁。

后唐庄宗同光元年（923）置义州于今华亭。末帝李从珂于清泰元年（934），将今市境六盘山以东五县区归入后唐。翌年，以安国、耀武二镇复置平凉县（今崆峒区），属泾州。

后晋石敬瑭取代后唐后，占有今市境东部五县辖区。天福五年（940 年）改平凉县，隶属渭州。

后汉时，建置未变。

显德五年（958），废武州，潘原县改属渭州。渭州辖平凉、潘原两县。显德六年（959），复置华亭县，与义州同治一地。

五代末，今市境东部五县辖区隶属彰义军节度使，领泾州、渭州、义州和原州。泾州统辖保定、灵台、良原三县，渭州领平凉、潘原两县，义州领华亭一县。今静宁、庄浪辖境仍为吐蕃所据。

北宋初，沿旧制。太宗时，于州之上设"路"，彰义军节度改称彰化军节度，今平凉辖境隶属秦凤路，仁宗庆历元年（1041）改属泾原路。庆历二年（1042），西夏军取得好水川之战和定川砦之战的胜利后，窜入渭州，引发了崆峒山僧人抵御夏兵、保护数万人畜和御书院安全的壮举。

真宗大中祥符四年（1011），曹玮收复陇山西境，今静宁、庄浪全境逐渐被纳入宋朝版图。翌年，置德顺军于陇干城（今隆德县西）。哲宗元祐八年（1093）德顺军迁至外底堡（今静宁县城），并置陇干县。神宗熙宁五年（1072），废仪州，所辖之华亭、安化、崇信三县划归渭州统辖。至此，渭州共领五县。泾州辖保定、灵台、良原、长武四县。

徽宗政和七年（1117），泾州、渭州及其所辖各县皆隶属以渭州升格的平凉军节度，自此，今平凉市所辖六盘山东、西两侧七县（区）连为一体，未再发生大的变动。

绍兴元年（1131），今平凉辖境被金所占，由于吴玠吴璘取得和尚原大捷，挫败了金人入蜀的计划，金太宗便升渭州为平凉府（此为平凉府之始）。海陵王天德二年（1150），又增设陕西西路转运司和陕西东路、西路提刑司于平凉，突出了其在军事和经济上的战略地位。元光二年（1223），迁京兆。

宣宗兴定三年（1219），置陕西西路行省于平凉，此乃历史上在平凉设置的最高行政军事领导机构。

金正大四年（1227），蒙古军攻占了德顺州及其所辖各县。元初，泾州属都元帅府，后改属巩昌都总帅府，世祖至元年间后期，改属行中书省。太宗二年（1230）十一月，在今庄浪县通边至静宁县威戎区域内置庄浪路，不领州县。庄浪之名即始于此。

至元七年（1270）后，泾州下辖泾川（灵台县并入泾川县）、良原二县；平凉府辖平凉（潘原县并入平凉）、华亭（原化平县并入华亭）、崇信三县。

成宗大德八年（1304）"二月，降庄浪路为州"，后又改德顺州为静宁州，辖原水洛、治平、隆德三县和静边寨，隶属陕西行省巩昌路。

明初，太祖为巩固皇权，在全国范围内选择要津名城，分封诸子作为中央的藩属，平凉为韩王就藩之地。

明太祖洪武二年（1369），始置陕西等行中书省。洪武八年（1375），降庄浪州为县，属静宁州。洪武九年（1376），取消行省制，代之以承宣布政使司。原镇原州（今镇原县）、开成州（今固原市）降为县，归属平凉府。嘉靖三十九年（1560），平凉府隶属陕西布政使司，下辖泾州、静宁州、固原州及平凉、镇原、华亭、崇信、隆德、灵台、庄浪七县。

清初沿用明制。康熙三年（1664），设陕西左、右布政使司，平凉府隶属右布政使司（治今陇西县城）。八年（1669），平凉改属甘肃布政使司。

乾隆四十二年（1777），升泾州为省直隶州，辖灵台、崇信和镇原三县。翌年，平凉府领静宁、固原两州和平凉、华亭、隆德（含庄浪县境）三县。

清初曾置平庆兵备道，治平凉（后移治固原），监理平凉府和庆阳府。咸丰九年（1859），又易名为分巡平（平凉）庆

（庆阳）泾（泾州）固（固原）道，辖平凉府、庆阳府、泾州和两个不领县的散州——静宁州、固原州，以及平凉、华亭、隆德、崇信、灵台、镇原六县。同治十年（1871），析平凉、固原、华亭、隆德相关边地，置化平川直隶厅。同治十二年（1873），改称平庆固化（化平）盐法兵备道，改驻平凉。光绪三十三年（1907）改称为分巡平庆泾固化道。

民国 2 年（1913），又改为陇东道，裁府、州为县，并复庄浪县。民国 3 年（1914），改陇东道为泾原道（治平凉），辖平凉、静宁、隆德、庄浪、泾川、华亭、崇信、灵台、化平、庆阳、镇原、正宁、宁县、合水、环县、固原、海原十七县。

民国 16 年（1927），废道，置泾原行政公署于平凉，是年 4 月，中共陕甘区委批准建立中共平凉特别支部。翌年撤销行政公署，存省、县两级。民国 23 年（1934），设平凉行政督察区。民国 25 年（1936）7 月，改称第二行政督察专员公署。民国 26 年（1947），甘肃省政府第三次厘定各县等级：平凉为一等县，泾川为二等县，庄浪、静宁、灵台为三等县，华亭为四等县，崇信为五等县。

1949 年 7 月底到 8 月初，今市辖各县先后解放。8 月 3 日，将 7 月底在华池县悦乐镇所置平凉分区移治平凉县，辖平凉、华亭、泾川、灵台、崇信、静宁、庄浪、固原、西吉、海原、隆德、化平十二县。8 月 6 日，静宁、西吉、海原划归定西分区。

1950 年 2 月，以原平凉县城区辖境增设平凉市。5 月，静宁、西吉、海原复归平凉分区，庄浪县划归天水分区。1953

年6月，平凉市改为省直辖市。同年10月，将西吉、海原、固原析出，另立西海固回族自治区（甘肃省辖）。1955年实行省、县二级制，改分区为专区，作为省政府派出机关。同年10月，庆阳专区并入平凉专区，辖平凉市及平凉、华亭、泾川、灵台、崇信、静宁、隆德、泾源、庆阳、镇原、宁县、正宁、合水、环县、华池等十六县（市）。1956年1月，庄浪县划复平凉专区。1958年3月，隆德、泾源划归宁夏回族自治区。4月至12月，先后将崇信县并入华亭县（后撤，其境分别划属平凉市和泾川县）、庄浪县并入静宁县、灵台县并入泾川县、平凉县并入平凉市。1961年11月，恢复庆阳专区建制，原辖七县从平凉析出。12月，恢复原华亭、灵台、崇信、庄浪县建制。1964年6月，改平凉市为平凉县。1969年10月，改专区为地区。1983年7月，撤平凉县，恢复平凉市。2002年6月，经国务院批准，撤销平凉地区行政专员公署，设地级平凉市，改县级平凉市为崆峒区，其他各县建制不变。现平凉市下辖灵台、泾川、崇信、华亭、庄浪、静宁、崆峒六县一区。

二 史海钩沉

1 上古传说

伏羲降生古成纪

伏羲是三皇（伏羲、燧人、神农）之首，中华民族的人文始祖，在古籍中有"宓羲""虙牺""伏牺""包羲""庖羲""炮牺""伏戏""牺皇""皇羲"等很多名号，还有称"太（大）昊""太（大）皞"的。研究者认为"伏牺（羲）"一名强调了他驯服野兽、教民渔猎畜牧的功绩；"包""庖""炮"强调他烧烹肉食的功绩；"伏戏"强调了他始画八卦、治理天下的功绩；"皇羲"一名是对伏羲大而美的赞颂；"太（大）昊""太（大）皞"，则说明对他像对太阳一样崇拜。

相传伏羲的母亲华胥，有一天来到一个叫雷泽的地方玩耍，踩到一个巨大的脚印，便感应而孕，怀胎十二年后才生下人首蛇身的伏羲。古人以十二年为一纪，故把他降生的地方称作"成纪"。1999 年版《辞海》,郑天挺、李学勤等主编的《中国历史大辞典》,清道光年间的《秦安县志》及谭其骧主编的《中国历史地图集》等,在标注成纪时,都认为最早的成纪县就在今静宁县的治平乡。这里就是伏羲降生的地方。

伏羲是中华文明的开拓者,有着非凡的智慧和圣德。他仰观天象,俯察地理,创制八卦,以概括世间万事万物;仿照蜘蛛结网而制成网罟,教民捕鱼打猎;教民畜牧、烹饪熟食;造书契以代替结绳记事;制定婚嫁礼制等。德配天地,光昭日月,堪称开天明道的祖师。

古成纪也是我国传说中的伟大女神之一——女娲的出生地。她与伏羲是兄妹,曾辅助伏羲治理天下,消弭灾害,使人们过着幸福安康的生活。后来,不知为何,雷公突然发怒,让洪水淹没了大地,只有伏羲兄妹坐在葫芦里才得以逃生。为了繁衍后代,兄妹成婚,人类重新繁衍生息在大地上。关于女娲的故事还有许多,诸如"炼石补天""抟土造人"等广为流传。

黄帝问道广成子

5000 多年前,崆峒山迎来一位尊贵的客人——轩辕黄帝,于是便有了黄帝问道广成子的故事。

黄帝是华夏民族的共同祖先,五帝之首,姓公孙(一说姓姬),名轩辕,号有熊氏。其父是有熊国君少典,母亲是有蟜氏之女,名附宝。传说有一天,附宝在野外看到巨大的闪电围绕在北斗七星中的天枢星四周,光照郊野,便感而有孕。怀胎二十四个月后才生下黄帝。

黄帝少年时思维敏捷,青年时敦厚能干,成年后聪明坚毅,

37 岁就被臣民推举为部落首领。黄帝当选为部落首领后，修德振兵，与炎帝战于阪泉之野，三战而胜。从此黄、炎部落的人民便融合在一起，成为华夏民族的祖先，所以后人以"炎黄子孙"自称。

其后，又用了三年多时间，打败了九黎族首领蚩尤，确立了其天下共主的地位。

黄帝被立为天子十九年后，听说住在崆峒山石室之中的广成子有道，便特地前来拜访。他向广成子叙述了自己的企望和抱负："听说先生深明大道，故前来请教道的精辟。我想取得天地之精华，以助五谷生长而养育人民；又想获得掌管阴阳的本领，以便利群生……如何才能达到我的这些愿望呢？"广成子听后说："你所要的是事物的本质，而你追求的却是事物的皮毛。世间万事万物都在自然而然地发展着，其间有许多自然无为的道理。你如此多欲，怎能与你探讨道的精义呢？"

黄帝听后十分敬畏。回来后，特修一别室，坐卧茅席之上，静思了三个月，再次登崆峒求教。这一天，广成子正在石室中睡觉，黄帝顺下风膝行而进，稽首拜问："先生明达道的精华，请问怎样修身养性而得以长生呢？"广成子见黄帝如此提问，便蹶然而起，高兴地给他讲了"无视无听，抱神以静，形将自正""无劳汝形，无摇汝精，乃可长生""天地有官，阴阳有藏，慎守汝身，物将自壮，我守其一，以处其和"等修身之道。

黄帝听后，佩服得五体投地，再次叩拜，向广成子请教天人合一的道理。广成子说："好吧，我告诉你。道是没有穷尽的，但人们都误认为它有终结的时候；道也没有法则可衡量，但人们都以为它有极致可探究。得到我所阐述的大道，在上可以为皇，在下可以为王；失去大道，在上只能看见道所发出的光华，在下只能化为尘土了。"

黄帝回去后，依广成子所教之道静修养身，120岁时，乘龙飞升。

黄帝问道广成子的故事，最早见于《庄子·在宥》篇。庄子讲这个故事的主要目的是阐述"无为而治"的道家思想，同时也揭示了先修身后治国、静修养生的理念。

黄帝问道处摩崖卧碑

此外，治学严谨的司马迁在《史记·五帝本纪》中，也有黄帝曾"东至于海，登丸山，及岱宗。西至于空桐，登鸡头"的记载。崆峒山景区内，至今尚有轩辕谷、十万沟、望驾山、龙头岭等与黄帝有关的景点。黄帝问道的故事，为我们树立了一个追求至道、探索真理的典范。

西王母夜宴周穆王

西王母的传说源远流长，在中国文化史上有着深远的影响。据说她是三皇五帝时期西王母国的首领，"其状如人，豹尾虎齿而善啸，蓬发戴胜"（《山海经》），是一个人面兽身的怪物形象。在黄帝与蚩尤久战不胜的时候，她曾派遣使者给黄帝送去"天一在前，太乙在后，得之者胜"一符，帮助黄帝打败了蚩尤。舜帝时，她向舜献过白玉琯。到魏晋南北朝时，人们又把她和周穆王西征、汉武帝西巡的历史事实联系起来，并将其形象加以美化，变成一个雍容华贵、能歌善舞的美妇。再后来，她便成了神通广大、地位显赫的王母娘娘，与东王公各自分管西半天、东半天的各路神灵。

今平凉市泾川县是西王母文化的发祥地。县城西 1 里，泾、汭两河交汇处那座拔地而起的山峰，相传就是西王母降生的地方，并说西王母姓杨名回，故将此山称作"回山"。

在丰富多彩的西王母传说中，流传最广的就是她与周穆王瑶池相会的故事了。

传说周穆王驾着八匹骏马拉着的宝车西巡狩猎时，来到了西王母国，西王母即设宴于瑶池之上盛情款待了这位东方君主。周穆王向西王母赠送了大量的丝织品和圭、璧等珍贵礼物，能歌善舞的西王母也向周天子献上了一曲情深意浓的《白云谣》：

> 白云在天，山陵自出。
>
> 道里悠远，山川间之。

将子无死，尚能复来。

周穆王也回唱道：

予归东土，和治诸夏。

万民平均，吾顾见汝。

比及三年，将复而野。

周穆王被这里的美景、美酒所陶醉，乐而忘返。但终究要走，临别前，他亲手栽下一棵槐树，立下一块石碑，上书"西王母之山"五个大字。

西王母宴会周穆王的故事流传甚广，历代诗人也为此留下了许多诗篇，其中以唐代诗人李商隐的诗最为著名："瑶池阿母绮窗开，黄竹歌声动地哀。八骏日行三万里，穆王何事不重来。"

2 周文王灭密须

商朝末年，帝辛（纣王）暴虐无道，害忠良，厚赋税，朝政荒废，民不聊生，诸侯纷纷叛离。而迁居于西岐（今陕西岐山）一带的周部落，则与之相反，他们积德行义，倡导农耕，抑强扶弱，国力日盛。周文王姬昌继位后，见殷商国力衰微，便欲兴兵讨伐，以救万民。

当时，周西北的泾河流域，还有密须、阮、共、卢、彭、芮等国，密须国是周伐商的最大障碍。

密须国建于公元前3000年左右，姞姓，都城在密（今灵台县百里乡），是代表商王朝管理周围各国的首领，势力强大。为解除伐商的后顾之忧，周文王曾向密须国君求娶他的女儿为妻，却遭到拒绝。文王见其凶顽，决意要除掉他，却苦于找不到合适的机会。

帝辛十六年（前1062），位于今泾川境内的共国国君，准备了一份厚礼，派人送给周文王，途经密须国时，竟被密须国君派兵抢了去。密须国君还兴师攻伐共国，侵夺阮国的土地和人口，阮、共两国急忙向周求救。文王借此机会，以援助小国、征伐不讲道义的国家为名，亲率大军攻伐密须。在大兵压境、生死存亡之际，密须国内发生兵变，密须国君被军民捆绑起来，献给了文王。密须国从此灭亡。

密须被灭后，文王在回师西岐、路经荆山之麓（今灵台县城）时，即命修筑祭坛（灵台），并邀请各路诸侯前来参加只有天子才能举行的祭天仪式。文王此举，向天下昭示了他将兴师伐商、取而代之的决心。各路诸侯早有离商之心，便共推文王为首，结成了强大的伐商联盟，为其后的武王灭商打下了基础。

3　汉武帝六幸安定郡

汉武帝刘彻即位时，汉朝已步入文景之治后的鼎盛期。然而"北方未安""民或饥寒"这两件大事仍使他"夙兴夜寐"，不得稍安。在他统治的54年时间里，几乎年年都在四处巡幸。据史料记载，自元鼎五年（前112）至后元元年（前88）这二十多年时间里，仅行幸安定就达六次之多。

元鼎五年"冬十月，行幸雍祠五畤，遂逾陇，登崆峒，西临祖厉河而还"，这是他第一次行幸安定郡（治固原，辖今六盘山以东平凉诸县、区）。汉武帝也是秦始皇后第二个登上崆峒山的帝王。

元封四年（前107）"冬十月，行幸雍祠五畤，通回中道，遂北出萧关，历独鹿、鸣泽、代而还幸河东"。汉武帝这次行幸没有逾崆峒山西去，而是打通了长安至安定的"回中道"（即秦之"秦御道"）后，北出萧关（今崆峒区西北一带）远行而去。

此后，汉武帝又于太初元年（前104）、太始四年（前93）、征和三年（前90）和后元元年（前88）多次行幸安定。

汉武帝如此青睐安定，与其所处的地理位置有关。当时安定、北地、陇西等地，西有羌、氐，北近匈奴，时时受到侵扰。安定虽非与匈奴交战的主战场，却是拱卫京畿的边防线、屯蓄重兵的根据地和繁育军马的马场，曾于元鼎六年（前111）"发陇西、天水、安定骑士及中尉、河南、河内卒十万人"，"征西羌"并"平之"。依此看来，安定郡备受武帝关注，并非一般的游山玩水，而是出于加强战备、巡疆固土的需要。

4　李世民平定薛仁杲

公元618年，李渊建立唐朝，但国家尚未统一，天下并不太平，薛举、窦建德、王世充、刘武周等各据一方，都对关中构成了威胁，最大的威胁是据有陇西之地的薛举。

武德元年（618）六月，薛举寇泾州，欲取长安。秦王李世民奉命率八总管兵迎敌，双方对垒于高墌城（今陕西长武县北）。因李世民患疾，便命刘文静、殷开山指挥战事。刘、殷改变了李世民严防免战的御敌之策，私与薛举战于浅水原，结果大败，士卒伤亡过半，唐军只好退还长安。

同年八月，薛举病卒，子薛仁杲即位。九月，围攻泾州（今泾川）。唐将刘感与将士死守。援兵至，仁杲引兵南去，并使人伪献高墌城。刘感奉命取城，中计大败被擒。薛仁杲复围泾州，令刘感去劝降。刘感假意应允，至城下却高声说："逆贼饥馁，亡在朝夕，秦王率数十万众，四面俱集，城中勿忧，勉之！"仁杲恼羞成怒，把刘感活埋至膝，然后骑马射之，刘感死，泾州城得保。

十月，李世民病愈，赶至高墌，双方对峙60余天后，西秦粮绝。李世民见时机成熟，以破竹之势，迫使薛仁杲逃奔圻墌（今泾川城北蒋家村），唐军尾追不舍，扼住泾水南岸。夜半，西秦将领浑干等涉水投唐。薛仁杲知大势已去，于十一月奉表请降，唐得"其精兵万余人，男女五万口"。李世民回师长安后，"斩薛仁杲于市"。

5　郭子仪单骑说回纥

唐永泰元年（765），朔方节度使仆固怀恩发动叛乱，并诱使吐蕃、回纥与之联手，组成十万余众的联军，向唐发起攻击。幸有郭子仪坚守奉天（今陕西乾县），仆固怀恩等才不战而退。不久，仆固怀恩病死，而吐蕃、回纥的铁骑却再次入侵，屡屡向唐军发难，在郭子仪等组织了数十次反击后，才撤至今灵台境内，分驻于朝那、上良等地，郭子仪也奉命尾追，屯兵于西屯一带御敌。

郭子仪毕竟是沙场老将，深知仅靠他率领的一万兵力与十余万敌军硬拼，无异于以卵击石。于是，他一面下令坚守，一面抓住吐蕃与回纥在进攻目标上产生分歧的有利时机，决定亲自去说服回纥，以瓦解敌人。唐军将领认为，回纥反复无常，劝其勿去。他的儿子郭晞也拉住他的马，不让他去。郭对众将晓以大义后，用马鞭打开郭晞的手，独身策马而去。

回纥首领药葛罗恐怕中计，命将士刀出鞘、弓搭箭，严阵以待。郭至营前，脱掉盔甲，身着便服，昂然而入。他抓住药葛罗的手责备道："唐对回纥一向友好，今为何反攻唐朝？我今前来，要杀要剐任你处置，但我军将士会誓死保卫唐朝的。"药葛罗连忙解释："我们被仆固怀恩骗了，他说唐朝皇帝和你都死了，中原一片混乱，我们才敢犯境的。今见你仍健在，我怎敢再与你交战？"郭见其尚有情谊，便劝他与唐联合，共击吐蕃。药葛罗接受了郭的建议，为谢犯境之罪，当即盟誓，永不为敌。

数日后，郭命部将白元光与回纥合兵一处，将吐蕃十万兵骑击溃于灵台西原赤山岭（今朝那镇千家岭）一带。此役共杀敌 5 万，俘获 1 万，解救被劫百姓 4000 有余，截获牛、羊、驼、马不计其数。

这就是郭子仪单骑说回纥的故事，西原大战也因为是一次以少胜多的典型战例而被载入史册。

6 吐蕃劫盟

吐蕃被郭子仪、马璘打败后,唐、吐双方于建中四年(783)议定了清水(今甘肃清水)盟约,规定以"泾州西至弹筝峡口(今崆峒区安国镇)"为界,平凉便成了拱卫唐朝边境的前哨。但吐蕃并未履约,时有犯境扰民之事发生。

贞元三年(787),久有灭唐之心的吐蕃名将尚结赞派人到唐军副帅马燧营中假意求和,骗取了马的信任,双方商定在今崆峒区再次会盟。唐德宗与宰相张延赏求和心切,便命浑瑊为会盟使前去会盟,并命唐将李元谅随行,以作后援。

浑瑊行前,让元谅将兵驻扎在潘原堡。元谅认为潘原离盟所太远,倘若有变,不便及时接应,请求将兵驻扎于近处。浑瑊以无旨意为由,没有采纳他的意见。浑瑊去后,元谅偷偷将兵向西移了二十余里,埋伏在今柳湖乡马坊村一带。

贞元三年四月十九日,筑于今崆峒区西北五里许的盟坛上,旌旗猎猎,号角齐鸣,表面上一派和谐气氛。当双方的会盟大臣登坛更衣之际,鼓声顿起,埋伏在山谷里的吐蕃骑兵突然冲出,将唐的会盟副使崔汉衡及多位会盟大臣一举擒获。浑瑊见势不妙,夺下一匹战马向东飞奔。吐蕃兵驱马急追,矢发如雨,幸亏李元谅及时赶到,浑瑊才保住了一条性命。这就是历史上所说的"吐蕃劫盟"。

"吐蕃劫盟"后,唐德宗采纳了李泌"北和回纥,南通云南，西结大食、天竺"的策略，孤立、牵制吐蕃，使其处境日艰，渐现衰败。到贞元十九年（803），吐蕃再次求和，双方的关系才有所改善。但今崆峒区安国镇以西及静宁、庄浪县境，仍为吐蕃所据。

7 李商隐客居泾州

李商隐，字义山，号玉溪生，怀州河内人，晚唐著名诗人。唐文宗开成二年（837）中进士。第二年，到泾州（今泾川）泾原节度使王茂元府下当幕僚。王赏识他的才识，把女儿许他为妻。不久，他进京求官，因做了亲近"李党"的王茂元之婿，受到"牛党"排斥，未能如愿。

返回泾州后，李常游山观水以排遣心中之闷。一日，登上城楼眺望，透过绿杨新柳，看到滔滔泾水之中有一块将被淹没的沙洲，触动了他的心弦。联想自己，虽有贾谊、王粲一样的报国之心，却无人搭理而寄人篱下，还有被那些权贵们所搞的"党争"的政治激流淹没的危险。想到这里，一时心潮翻涌，写下了著名的七律《安定城楼》：

> 迢递高城百尺楼，绿杨枝外尽汀洲。
>
> 贾生年少虚垂泪，王粲春来更远游。
>
> 永忆江湖归白发，欲回天地入扁舟。
>
> 不知腐鼠成滋味，猜意鹓雏竟未休。

他写的另一首七律《回中牡丹为雨所败》，也借回中山上的牡丹被雨打落的情景，抒发自己怀才不遇的愤懑之情：

浪笑榴花不及春，先期零落更愁人。

玉盘迸泪伤心数，锦瑟惊弦破梦频。

万里重阴非旧圃，一年生意属流尘。

前溪舞罢君回顾，并觉今朝粉态新。

经过在泾州这一段磨砺后，李商隐成长起来，终于得到了朝廷的录用，官至工部员外郎。

8 韩琦、范仲淹开府泾州

宋仁宗宝元元年（1038），党项羌人李元昊建国西夏后，向宋发动大规模进攻，宋军连连失败。

庆历二年（1042），李元昊率10万大军攻渭州（今平凉），直逼怀远城（今宁夏固原）。宋将任福轻敌冒进，在好水川（今宁夏隆德县西）中了夏军埋伏，任福等将校兵卒共六千余人阵亡。

好水川失利后，朝廷采纳了范仲淹攻守策略的建议，于同年十一月，命韩琦、范仲淹二人开府泾州（今泾川），节制秦凤、泾原、环庆三路兵马，共守西陲。二人到任后，同心协力，以恩信结纳蕃部，招募蕃部熟户兵与正军参用，开辟营田，耕战自守。并采纳泾原安抚使王尧臣的建议，建竿城为德顺军（今静宁），使泾原路（治今崆峒区）、秦凤路、六盘山内外连成一片。后范仲淹调任陕西四路都部署、经略安抚使，还兼管环庆路之事，韩琦兼管秦凤路之事。经韩、范三年左右的经营，宋军具备了攻守兼备的能力，不仅连连取得胜利，而且锻炼出一批能征善战的将领。

可惜宋仁宗并非英主，宰相晏殊也极力主和，韩、范在事业尚未完成之时就被调、贬他处了。

庆历四年（1044），宋、夏双方签订了"庆历和议"，宋以每年向夏赐银五万两、绢十三万匹、茶二万斤的代价，换取了其后二十多年的和平局面。

9 明韩王就藩平凉

朱元璋建立明朝后，把他的二十三个儿子分封在全国各要津名邑为藩王，让他们"控要害，以分制海内"。其中封于平凉的是朱元璋第二十二子、安王朱楹。安王于永乐六年（1408）就藩，九年即亡，葬于今崆峒区安国乡泾河北岸的油房庄。安王无子，藩国被撤。永乐二十二年（1424），又将原封于辽宁开原的韩王朱松（朱元璋第二十子）改封于平凉。松尚未就藩就病死了。宣德五年（1430），朱松之子韩恭王朱冲𤉴率家属来到平凉。

韩恭王就藩平凉后，首先大兴土木，扩建王府，在府内修了门、殿、宫、堂、楼、亭、园、苑等十余处。后经几代韩王扩建，至嘉靖时，韩王府面积已占当时平凉城的四分之一，就连现在的柳湖公园当时都是韩王的御花园。

在大规模修建王府的同时，历代韩王还对平凉城进行扩建。并于东郭城以东新建了藩城（又名紫金城），奠定了今崆峒城区的主体格局。

早中期的韩王们信佛，为此在平凉修建了大量佛教寺院，如崇福寺、南庄寺、韩二府寺、韩六府寺、襄四府寺及延恩寺等。后期的韩王又信道，遂将崆峒山原有的许多佛寺改成了道观，并于马鬃山和雷声峰之间，巧借山势，创建了数重亭台、庙宇和穿堂走廊。

韩王就藩平凉之时，是平凉历史上最繁华的时期，"夹街阴阳，无不朱垣户而筒瓦者"（《平凉府志》）。在其繁华表象的背后，是他们利用权势大肆强取豪夺的残酷现实。据统计，至嘉靖时，平凉共有亲王、郡王、将军、中尉及县君（王的女儿）、仪宾（王婿）等1244人及近3万服务人员。如此庞大的皇室家族，每年所支费用相当于当时19个平凉县的收入。他们还夺田占地7万余亩，并大量开设店铺，盘剥百姓，过着锦衣玉食的生活。

明崇祯十六年（1643）十一月，李自成部将贺锦率24万人马进入平凉，末代韩王朱亶㙊出逃庆阳，后被农民军抓获处死。传十一世、延续了213年的韩藩，就此终止了。

10 王辅臣叛清

清康熙十二年（1673）十二月，平西王吴三桂在云南起兵叛清，并秘密派人致书坐镇平凉的陕西提督王辅臣，约他一同起事，互为接应。

王辅臣与吴三桂一样，都是明朝叛将，降清后，因追剿李自成余部有功，提为总兵，归属吴三桂藩下，吴待辅臣亲如子侄。王辅臣后被朝臣引荐给康熙，命为陕西提督，坐镇平凉。

王辅臣接到吴三桂的书信后，权衡良久，令其义子王吉贞将送书人押解入朝。康熙嘉其忠，留吉贞在朝为卿。

康熙十四年（1675）一月，康熙命莫洛为经略、王辅臣为副，南讨吴三桂。王辅臣窥测康熙对他似有疑心，便在宁羌发动叛乱，打死莫洛，率军席卷兰州以东、宁夏大部及陕北各地，逼近黄河。清廷闻讯后，急调十余路大军予以反击，并派王吉贞回平，劝降。王吉贞回平后，反同部将一起助辅臣据守平凉，与朝廷抗衡。

康熙抚王不成，即派大学士图海为定远大将军围攻平凉，置大炮于城西虎山之上，向城内猛轰，又派兵断其六盘山粮道。王辅臣与图海激战多次，互有伤亡，相持半年左右，难分胜负。康熙十五年（1676）五月，平凉城内粮尽援绝，人心惶惶，图海趁机遣人入城劝降。辅臣降后，朝廷答应复其官爵，加封太子太保，让其与图海一同还朝。王辅臣自知其罪难赦，回朝后难免一死，便自杀而亡了。

11 左宗棠与"左公柳"

左宗棠（1812～1885），字季高，湖南湘阴县人，道光年间举人。同治六年（1867），任陕甘总督。同治八年（1869），驻军平凉。

左宗棠率军进驻平凉时，见"道周树林存者寥寥，满目荒凉，不堪回忆"，故传檄"各防军夹道植柳，意为居民聚材用，庇行人"。各营将士即"搜采枝杆，越山度壑"，广植杨柳。所植杨柳，往往被人、畜毁坏，他又"谕禁之，守护之，灌溉之，补栽之"。经多年苦心经营，终使咸阳至河西的官道旁，形成了一条长达数千里的绿色长廊。杨昌浚写诗赞曰：

> 大将筹边尚未还，湖湘子弟满天山。
> 新栽杨柳三千里，引得春风度玉关。

可惜在民国18年（1929）大旱灾中，左宗棠部栽种的数十万株"左公柳"被灾民们伐毁得"十里不逢一"了。现在，我们仅能在柳湖公园等处找到百余株"左公柳"的身姿。

左宗棠在平期间，还禁种鸦片，复业安民，开挖湟渠，重修"柳湖书院"。他亲笔题写的"柳湖"匾、"暖泉"碑，至今尚存，见证着平凉几百年的荣枯兴衰。

12 谭嗣同游览平凉

谭嗣同（1865～1898），字复生，号壮飞，湖南浏阳人，生于北京。13 岁时，随赴巩秦阶道任职的父亲来到秦州（今天水市）。雄浑壮丽的陇上山水，吸引着谭嗣同不甘寂寞的心。他常常逃出沉闷的书斋，驰马畅游，足迹踏遍了陇上大地，也留下了不少脍炙人口的诗篇。

谭嗣同游览平凉时，既有南国之秀又有北疆之雄的陇上名胜——崆峒山，深深地吸引了他，那翠峰、奇石、松涛、云海，无不激发着这位青年才子的诗兴，他欣然写下了七律《崆峒》：

斗星高被众峰吞，莽荡山河剑气昏。

隔断尘寰云似海，划开天路岭为门。

松挐霄汉来龙斗，石负苔衣挟兽奔。

四望桃花红满谷，不应仍问武陵源。

崆峒归来，谭嗣同余兴未尽，又游览领略了柳湖的水天一色、湖中柳、柳中湖的美景，后前往泾川。春意益然的百里泾河川和宫山瑶池的美好传说，又一次激发了他的诗兴：

春风送客出湖亭，官道迢遥接杳冥。

百里平原经雨绿，两行高柳束天青。

蛙声鸟语随鞭影，水态山容足性灵。

为访瑶池歌舞地，飘零黄竹不堪听。

（《自平凉柳湖至泾州道中》）

谭嗣同是著名的"戊戌六君子"之一。"百日维新"失败后，年仅33岁的谭嗣同，于1898年9月28日被清廷杀害于北京菜市口。用一腔热血追求光明，用年轻的生命唤起了国人的觉醒。

13 明清平凉古书院

书院源于唐初，本是官方藏书、校书的机构，从北宋始，演变为讲学、供祀、藏书、考课之地。

平凉建有书院始于明初。明、清两代，境内先后创办过13所书院，影响较大的有崇文书院、阿阳书院、阮陵书院、道南书院、仪山书院、凤鸣书院、鹓鹴书院和柳湖书院等，最负盛名者当推柳湖书院。

清乾隆二十九年（1764），平凉知县汪沄在柳湖"凿池构亭，月集诸生而课之今之饮水亭也"（《柳湖书院志》），这便是柳湖书院之开端。乾隆三十四年（1769），平凉知府顾晴沙又增建了多处堂、轩、亭、阁，定额40人，录取平凉府各属士子，始名百泉书院，后改为高山书院，最终定名为柳湖书院。乾隆四十四年（1779）至嘉庆二年（1797），知府汪皋鹤、彭知府、秦蓉庄、阎柱峰等都对柳湖书院进行过扩建，书院规模日臻宏伟，科第连绵，盛极一时。同治二年（1863），憾遭兵燹，书院停办。同治八年（1869），左宗棠驻平后，命平庆泾固化道道员魏光焘复修。光绪三十一年（1905），改柳湖书院为陇东中学堂。民国初年，陇东中学堂迁入韩藩所建崇文书院，柳湖书院先后为平凉师范等校校址，现辟为柳湖公园。

据统计，平凉书院培养了大批人才，在明、清两代科举中，平凉士子考中文进士 43 人、武进士 3 人、文举人 248 人、武举人 143 人。

14 于右任平凉访亲

于右任（1879～1964）是国民党元老，我国近代著名书法家。曾任国民革命军驻陕总司令、国民党中央执行委员等职。

于右任生于陕西，母亲是平凉静宁人，两岁半时，母亲就去世了，是伯母房氏把他抚养大的。房氏告诉他："汝先外祖本甘肃晋（静）宁人。乱后逃荒东来，手携汝母，背负汝舅，途间力竭食尽，汝母又足痛不能行，弃之山谷。数十里矣，遇驼商载以行，迫及复赠而还之……"（于右任《先伯母房太夫人行述》）

于右任牢记伯母所言，于 1941 年深秋，专程到静宁访亲。他一连两日召集乡亲父老访谈，寻询舅家。他深情地说："我母亲是静宁赵氏，但不知舅家是哪一家，哪一户。我两岁多母亲就去世了……"便把母亲当年逃荒时的遭遇说了一遍，说到伤心处，哽咽语塞，在座者无不泪下。遗憾的是静宁姓赵者不少，同治年间逃荒在外者也不计其数，时隔八十多年，又无确凿证据，谁敢冒认官亲？

于右任访亲未果，无不遗憾，他望着静宁的乡亲，真诚地说："陕为吾父，甘为吾母……"并怀着崇敬的心情，展纸挥毫，先百姓，后官吏，自老而小，为静宁留下数百幅墨宝。

在访亲归途路过泾川时，又受邀为王母宫题写了"千年气接文孙驾，万里云开王母宫"的楹联。

1949年，于右任去了台湾，再没能回来。但他始终怀念着早逝的母亲，怀念着舅家生活过的那个人文始祖伏羲出生的古成纪。

15　冯玉祥筹办军校

1926年，冯玉祥接受了李大钊"固甘援陕，联晋图豫"的建议，在内蒙古五原县郊筑台誓师，就任国民革命军西北联军总司令。同年率总司令部进驻平凉。到平凉后，即刻扫除了许多封建旧俗，并写下训令，刻碑勒石，立于交通要道处，向人民做宣传。

为了培养人才，冯玉祥在平凉筹建了国民革命军西北联军军官学校，委任王文彬为校长，校址设在宝塔寺院。省长薛笃弼到平后，在省立第二中学（今平凉一中）训话："兄弟兼任总司令部政治部部长，各位同学有愿从军者，可到此地军官学校报考……"平凉省立二中、省立第七师范（今平凉师范）和泾川县有二百多名爱国青年报名上了军官学校。

在此期间，政治部副部长、共产党员刘伯坚还经常到平凉商场等群众聚集场所作演讲，宣传马列主义，分析中国革命的前途，言辞亲切感人，对青年学子鼓舞极大。

1927年西北联军军官学校迁至西安后扩大规模，学生总计在千人以上。

冯玉祥将军在平凉时间不长，却召唤了一大批热血青年投笔从戎，为中国革命培养了人才，给当时古旧而闭塞的平凉送来一股时代新风。

16 张学良视察平凉

"九一八"事变后，东三省沦陷，张学良率东北军撤回关内，受蒋介石支配，到西北"围剿"红军主力。因之，中共中央组成了东北军工作委员会，派遣刘培植前往平凉、固原一带，做东北军高级将领的工作，争取他们共同抗日。

就在这一时期，张学良将军多次来平凉视察，召集东北军将领，传达了与周恩来副主席会谈的情况，指示东北军：红军来了就闪开，红军去了不要追。1935年10月14日，张学良将军在省立第二中学操场上向师生们讲话，慷慨陈词，拍胸疾呼，表示要做抗日的先锋，激发了广大青年学生的抗日热情。

1936年12月12日，张学良、杨虎城发动西安事变，抓扣了蒋介石。消息传到平凉，军民奔走相告。中共党员王岐三、李志奎、单子文等，组织成立平凉学生联合救国会，连夜向平凉市民印发了张、杨西安兵谏的通电和抗日救国的八项主张，召开市民大会，组织宣传演出，动员各族各界人民积极投入到抗日爱国行动中，平凉的抗日爱国活动达到了高潮。

17 中国共产党在平凉的革命斗争

早在 1926 年，共产党员刘伯坚、吴天长、冀明信就随冯玉祥国民革命军来到平凉，广泛开展了反帝、反封建、反军阀的宣传活动，还创办了《新陇民报》，组织成立了共青团外围组织——青年社和平凉县总工会。

1927 年，中共平凉特别支部成立，吴天长任书记，经常在歇马店等处活动。同一年，邓小平（邓希贤）乘坐运送苏联支援冯玉祥枪支弹药的汽车路过平凉，与平凉特支的同志彻夜长谈，赞扬他们是革命的播火人，并告诉他们要注意隐蔽，继续壮大组织，迎接大革命的到来。

"4·12" 政变后，吴天长、冀明信等连夜去了西安，领导了渭华起义，在斗争中壮烈牺牲。共产党员任鼎昌接管了平凉地下党的工作。1928 年，任鼎昌被捕，于次年病死在狱中。

1929～1932 年，中共陕西省委先后派出谢子长、刘志丹、张秀山、李艮、刘杰三、蒙定军、王世泰等中共党员打入驻甘军阀部队搞兵运工作。1932 年，刘杰三、李艮等在平凉策动了"蒿店兵变"。

1935 年，刘培植同志受周恩来、彭德怀委派，在平凉做东北军的工作，达成了东北军与红军的停战协定，并在其下级军官中成立了党支部。西安事变后，平凉地下党由王岐三、李志奎、单子文等负责，发起成立了学生联合救国会，出版《人民日报》，发展党员，宣传抗日。

抗战爆发后，陇东特委派任质斌、赵守一到平凉，成立了平凉市委，油印、散发《告平凉市民书》，宣传抗日。1939 年春，上级派党员马寅及其爱人徐强以教员身份在伊斯兰师范（1930 年易名陇东师范，1957 年并入平凉师范）开展工作，发展党员。1938～1946 年，平凉、崇信、华亭、泾川等地先后建立了党支部。

1946 年 8 月，华平工委（后改为平东工委）成立，张可夫、李义祥任正副书记，组织武装大队，在关山一带开展武装斗争，并成立了平凉、镇固、华亭、泾川、崇信县级工委 5 个，区级工委 10 多个，在庄浪、静宁也发展了党的组织。到新中国成立前夕，全区共发展党员 4680 名，建立党支部 221 个，组建了 7 支武装力量，多次缴获敌自卫队、镇公所及恶霸地主的枪支、子弹、炸弹、白银等，调查搜集了大量情报，为平凉解放做了大量工作。

18 吴焕先血洒四坡原

1935 年 8 月，为配合主力红军北上，牵制敌人对中央红军的围追堵截，由程子华、徐海东、吴焕先等率领的红二十五军离开鄂豫陕根据地，从陕西子午镇出发，进入甘肃。8月19日下午，进抵平凉城北的白庙原。20日下午5时许，红军在马莲铺附近的打虎沟歼灭了尾追而来的敌军一个多营，敌三十五师师长马鸿宾也险些被擒。

8月21日上午，红军进入泾川县境。早饭后经王村上了四坡原，准备涉过汭河到郑家沟一带宿营。部队正在渡河之际，突然山洪暴发，把部队截成两段，军首长便令后续的二二三团驻在掌曲村羊圈洼一带，直属队和交通队驻在汭河北岸的东王家一带，将指挥所设在一个地主家的小土楼内。此时，敌一〇四师二〇八团一千余人由泾川王母宫山右侧猛扑上来，与我二二三团正面相遇。副军长徐海东立即指挥该团全体指战员与敌展开激战。已在汭河南岸的政委吴焕先听到对岸的枪声，冒着被洪水卷走的危险，涉水返回河北，带着交通队和直属队一百五六十人，迅速占领了墩子疙瘩制高点，向敌人猛烈反击。突然一颗子弹飞来，吴焕先受伤了。此时，徐副军长一面派一个连长掩护政委，一面率二二三团向敌后插去，我军从东王家、王家沟、潘家等处一拥而上，将敌包围在羊圈洼和掌曲之间的大洼沟里，以密集的火力和肉搏，将敌一千余人全部歼灭，敌团长马开基也被当场击毙。

战斗胜利了，但吴焕先政委因伤势过重而英勇牺牲，被安葬在郑家沟附近的宝盒子山下。

掩埋好烈士的遗体后，红二十五军又转战灵台、平凉、庆阳等地，于9月18日到达陕北，与陕北红军胜利会师。

吴焕先，湖北省黄安县人，是鄂豫皖革命根据地的创始人和领导者之一，具有卓越的军事指挥才能和革命品质，在红军中享有崇高的威望。他的牺牲是红军的重大损失。新中国成立后，泾川人民为了纪念他，把当年红二十五军指挥部住过的小土楼改称"红军楼"，作为革命文物加以保护，其家乡也为他立了烈士纪念碑。吴焕先烈士的英名深深地留在人们的心中。

19　红军长征过平凉

1935年5月，毛泽东、周恩来、张闻天等率领的中国工农红军第一方面军（即中央红军）突破天险腊子口，进入甘肃境内。9月20日，在宕昌县哈达铺，毛泽东从缴获的《山西日报》等报纸上看到陕北红军还在坚持斗争的消息，立即召开干部会议，决定到陕北与刘志丹领导的陕北红军会合，北上抗日。10月2日凌晨，兵分三路向静宁县西北的西兰公路挺进。10月3日，顺利到达界石铺。

10月4日中午，一纵队在西兰公路打伏击，缴获了敌军由西安给毛炳文部运送的粮食、被服、鞋袜等全部物资。当日下午，在界石铺庙院的戏楼上召开群众大会，向群众讲解国际国内形势，宣传党的政策和红军北上抗日的主张，并将红军缴获的部分战利品分给群众，受到当地群众的赞扬。

10月5日，兵分两路向东北挺进，当天顺利到达公易镇一带宿营。毛泽东、张闻天率中央机关随一纵队宿于单家集（今属宁夏西吉县），后翻越六盘山经宁夏、庆阳进入陕北。

毛泽东在翻越六盘山时，登高望远，一抒情怀，写下了《清平乐·六盘山》这首不朽的诗篇。

1936年9月，聂荣臻带领红一军团冲破敌人的重重封锁，从陕北经固原、西吉进入静宁界石铺以北地区。10月8日至10日，红一方面军与贺龙、任弼时带领的红二方面军，朱德率领的红四方面军三大主力在会宁、静宁胜利会师。不久，三大主力红军挥师陕甘宁边区，在环县山城堡与胡宗南部队打了最后一仗，伟大的长征胜利结束。

三　人杰地灵

1　戍边名将李广

李广（？～119），陇西成纪（今静宁）人，其五世祖李信是秦时名将，因追杀燕太子丹而闻名遐迩。

李广从小练就了一身冠绝一时的骑射功夫。汉文帝十四年（前166），以良家子弟的身份参军抗击匈奴，第一次参战就获得战功，被擢拔为郎，成为汉文帝的武骑常侍。

汉景帝即位时，李广是陇西郡都尉，后升为骑郎将。景帝三年（前154），吴王刘濞等发动七国叛乱，李广随太尉周亚夫击败吴楚军，夺其帅旗，取得重大战功，出任上谷太守。其后又先后转任上郡、陇西、北地、雁门、代郡、云中太守，皆以奋力抗击匈奴而出名。

李广有勇有谋，胆略过人。在任上郡太守的一次战斗中，李广率百余骑与匈奴数千骑兵遭遇，广所率之兵十分惊恐，广却令兵士下马解鞍，就地休息。匈奴军疑有埋伏，不敢进攻，乘黑夜撤走了，广部安然而返。

元光六年（前129），李广率兵出雁门关，与数倍于己的匈奴交战，终因寡不敌众而失败，广被生擒，却夺马抢弓逃回汉营，故被称为"飞将军"。

李广先后任过八郡太守，参加过七十余次对匈奴的战斗，足迹踏遍了汉朝整个北疆，威名远著。后人对其评价很高，历代诗人也多有赞美之词，如"但使龙城飞将在，不教胡马度阴山"（王昌龄《出塞》），"君不见沙场争战苦，至今犹忆李将军"（高适《燕歌行》）等。

2 东汉梁氏家族

汉安定郡乌氏县（今崆峒区西部）的梁氏家族曾对东汉政权产生过重大影响，其发迹人物是梁统。

梁统，字仲宁，刘玄时为酒泉太守，经过他的多方治理，河西地区呈现出"宴然富殖"的局面。

东汉建立以后，梁统归顺，被任为宣德将军。建武八年（32），率河西五郡及羌、月氏等数万步骑，配合汉军消灭了隗嚣势力，被封为成义侯。建武十二年（36），被改封为高山侯，拜太中大夫，举家迁居洛阳。

作为东汉王朝的开国功臣，梁统被授官封侯，为梁氏家族的发展奠定了坚实的基础。但也因此卷入了皇权与外戚、宦官势力斗争的旋涡，统的次子梁竦成了这场斗争的牺牲品。

梁竦，字叔敬，未及弱冠，即收徒授课。后因其兄梁松诽谤事发，受到株连，被流放到九真（今越南北部一带）。途经湘江时，有感而作《悼骚赋》，流传后世。明帝即位后，始获赦回到安定，闭门自养，拒不入仕。所著《七序》一书，受到班固极高的评价："孔子著《春秋》而乱臣贼子惧，梁竦作《七序》而窃位素餐者惭。"

汉章帝时，选竦两女入宫，为贵人，小贵人生下刘肇（即和帝）。当时，窦太后理政，窦氏兄弟掌握着实权，他们怕梁氏得势后会损害自家利益，便谋害了两个贵人，并诬陷梁竦背叛朝廷，竦被囚死于狱中。和帝登基后始得平反，追封梁竦为褒亲愍侯。

永建三年（128），梁竦之孙梁商的妹妹和女儿又被同选入宫，妹妹为贵人，女儿为皇后，梁商因此而拜官执金吾，赐安车驷马。面对突如其来的荣华，商采取了以退为进的策略，以保护自己和家族的利益。顺帝封其子梁冀为襄邑侯时，他拒绝了；第二年，拜梁商为大将军时，他又"称疾不起"，从而博得了汉顺帝的信任。

梁商胸怀宽广，曾上书为诬告自己的宦官张逵等人求情，使其免受惩治，还积极为朝廷荐举人才，打开自家粮仓赈济饥民……因此得到了"良辅"的美誉。

汉安二年（143），顺帝驾崩，尚在襁褓之中的汉冲帝即位，梁商的女儿梁太后临朝听政，命其弟梁冀等三人参隶尚书事，处理朝政。从此，开始了梁冀、梁太后专断朝政的历史。

梁冀是梁商的长子，最初，因门荫任黄门侍郎，后一路平步青云。乃父死后，拜为大将军，食邑万户。

梁冀专权后，广植亲信，排除异己，一手废立了三个皇帝（冲帝、质帝、桓帝），并依仗权势，巧取豪夺，大兴土木，兴建豪宅，还享有"入朝不趋、剑履上殿、谒赞不名"等特权，朝野上下对其十分愤怒。延熹元年（158），汉桓帝联合宦官单超等人将梁冀及其族人诛杀。梁冀的专权骄横，最终导致了梁氏家族的衰败。

3 东汉将军皇甫规、皇甫嵩

东汉时期，安定朝那县（今崆峒区西北）出过皇甫规、皇甫嵩两位赫赫有名的将军。

皇甫规（104～174），字威明。永和六年（141），西羌起义，围攻三辅（今关中）和安定（今平凉一带），汉将马贤领兵出征。此时，仍是一介布衣的皇甫规，断言马贤出师不利，结果被他言中，他遂被安定郡守提为郡上计掾，从此步入仕途。汉冲帝时，举为贤良方正，因在对策中指陈时弊，抨击权贵，引起梁冀等人不满，被贬为郎中。

延熹三年（160），朝廷公车特征，拜皇甫规为泰山太守。同年冬，三公举荐皇甫规为中郎将，持节监督关西军事，领兵攻打先零羌，迫使10万羌人投降。延熹五年（162），任议郎，中常侍徐璜向他勒索财物，皇甫规置之不理，徐等便诬陷他贿赂羌人，被送入狱。幸得百官和太学生等三百多人保释，才幸免于难。后来，皇甫规曾任尚书、弘农太守、护羌校尉等职，熹平三年（174）因病去世。

皇甫嵩，字义真，皇甫规的侄儿，自幼喜读《诗经》《尚书》，又酷爱骑射，是个文武全才。汉灵帝公车特征，拜为议郎，出任北地太守。

黄巾起义时，汉灵帝任命嵩为左中郎将，与右中郎将朱儁镇压了波才、张角等黄巾军，嵩并请用冀州一年田租赈济贫民。中平五年（188），王国攻打陈仓（今宝鸡东），皇甫嵩任左将军，监督前将军董卓，各领兵两万迎敌，因与董卓意见不合而结怨。董卓掌握了东汉政权后，皇甫嵩被秘密抓捕入狱。嵩子皇甫坚寿进京斥问董卓，百官也纷纷求情，嵩才被释放。

皇甫嵩为人耿直，疾恶如仇。因上奏朝廷没收了中常侍赵忠违规修建的宅第，未给宦官张让私下向他勒索的五千万钱，得罪了宦官，被收去左车骑将军印绶，削夺食邑六千户。董卓被诛后，皇甫嵩又先后任征西将军、太尉、光禄大夫等职。兴平二年（195）因病去世。

4　针灸鼻祖皇甫谧

皇甫谧（214~282），字士安，幼名静，号玄晏先生，魏晋安定朝那（今灵台）人。自小成了孤儿，寄养在叔父家中，随叔父迁居新安（今河南渑池）。

皇甫谧雕像

皇甫谧少时贪玩，荒于学业，"游荡无度，或以为痴"。一次，谧送瓜果给叔母任氏，任氏借机开导，谧痛感愧疚，即拜同乡席坦为师。从此，勤学不怠。数年后，"遂博综典籍百家之言"，成为著名学者，著文史著作多部。

谧40岁时，返回故里。42岁时，突患风痹症，饱受病魔缠身之苦。为医治自身疾病，也为造福于民，他决心在知天命之年由一位文史学家而转攻医学。由于身处穷乡僻壤，手头可供研读的资料奇缺，便上书向晋武帝借书。晋武帝欣然送他书一车，俱为民间少见的典籍，包括《素问》、《针经》（即《灵枢》）、《明堂孔穴针灸治要》等。他一面研读典籍，求根探源，一面以身试针，在实际验证的基础上，厘定了人体349个穴位，明确了穴位的归经和部位，总结出上百种疾病的针灸治疗经验。苦历26年，最终写出了医学巨著《黄帝针灸甲乙经》。

皇甫谧一生潜心学问，拒不入仕，并作《玄守论》《释劝论》，表明了自己安贫乐道的人生志向。

皇甫谧为人耿直，不阿权贵。城阳太守梁柳是他的表弟，有人劝他攀认贵亲，他回答道："柳为布衣时过吾，吾送迎不出门，食不过盐菜，贫者不以酒肉为礼。今作郡守而送之，是贵城阳太守而贱梁柳，岂中古人之道？是非吾心所安也。"

皇甫谧毕生致力于研读和著述，先后创作了《三都赋序》《庞娥亲传》《高士传》《列女传》《逸士传》《帝王世纪》《玄晏春秋》《郡国志》《国都城记》《黄帝针灸甲乙经》等，对中国文化、医学作出了巨大贡献，与孔子一起跻身世界文化名人之列。

5　前凉开国者张轨

张轨（255～314），字士彦，西晋安定郡乌氏县（今平凉）人，十六国时前凉的开国君主。张轨少年时就聪明好学，博通经文，常与皇甫谧切磋学问，中书监张华赏识他的才能，评他为第二品。不久，卫将军杨珧辟为掾属，后升其为太子舍人、散骑常侍、征西军司。永宁元年（301），张轨出任护羌校尉、凉州刺史。永兴元年（305），张轨派将军宋配一举打败鲜卑，俘虏10万多人，威震河西。为扩大和巩固其统治基础，又纳河西豪门多人为股肱谋主，安置从中原、关中逃到河西的流民，设立学校，置崇文祭酒，为前凉政权培养了一批人才。因其治理河西有功，被晋朝廷授为骠骑大将军，开府仪同三司，都督陇右诸军事，封霸城候，位列丞相。

张鉴于前凉政权尚不巩固，没有急于称帝，而是遥尊晋朝，经常派使者向晋朝进献贡品。当王弥攻打洛阳、威胁晋朝时，张轨还派兵六七万人支援晋军，另派军在河东（今山西夏县）打败了匈奴人刘聪部，有力地支援了西晋政府。

张轨大力消灭异己势力，极力扩张地盘。永嘉元年（307）派两万人马东征，取得了秦州、陇西之地，将其势力延伸到黄河以东。又先后出兵镇压了晋昌（今安西县）、西平（今西宁市）的敌对势力，时有"中州虽乱，此方安全"和"苍生鹄企西望，四海注心大凉"的赞誉。

晋愍帝建兴二年（314）五月，轨卒，其子张寔被愍帝封为凉州刺史、护羌校尉、西平公。寔虽效忠于晋，却另建年号"永安"，故史家以是年作为前凉政权之始。

张轨坐镇河西13年，为促进河西地区经济、文化的繁荣和发展作出了重大贡献。前凉政权从张轨创建以后，共传九世，历76年，于太元元年（376）被前秦苻坚所灭。

6　魏齐胡氏两太后

安定郡临泾县（今泾川县北部和镇原县南部）是胡氏的"郡望"，在北朝时以出了两位皇太后而闻名。

魏宣武帝初年，司徒胡国珍之女胡氏，被招入掖廷，封为承华世妇。永平三年（510）生下元诩（即魏孝明帝），进位充华嫔（即魏宣武帝灵皇后）。延昌四年（515），宣武帝死，魏孝明帝即位，尊胡氏为皇太后，由于皇帝年纪尚幼，胡氏亲理朝政机要。胡氏掌权时，发明了申讼车，专门审理冤案诉讼；亲自过问孝秀、州郡计吏之事；亲御朝堂，临轩发策，自阅试卷，评定等级，量才使用，是一个比较有作为的执政者。后期，她倡导佛事，在洛阳修建永宁寺，在泾州老家修建南、北石窟寺，而且预征六年租调，增加了百姓的负担。武泰元年（528），她又亲手毒死自己的儿子孝明帝，立3岁的元钊为帝，结党营私，打击异己，朝政一时陷入混乱。不久，尔朱荣攻入洛阳，将胡太后和元钊沉入黄河。

胡太后临朝听政达13年之久，在北魏后期的政治生活中扮演着重要的角色。

北齐时，安定临泾县又出了一位皇后——武成帝高湛的胡皇后。

胡皇后是胡延之女，北齐天保元年（550）被选纳入宫，为广宁王妃，生下北齐后主高纬。河清三年（564），武成帝驾崩，高纬即位，胡氏被尊为皇太后，临朝听政。其兄胡长仁被封为陇东王，参与朝政，与胡太后同掌朝政大权。当时，左丞邹孝裕、郎中陆仁惠和卢元亮与胡长仁勾结，骄横朝野，时人称为"三佞"。胡太后的亲信和士开对此十分不满，将三人贬为外官。后来，和士开出任齐州刺史，胡长仁借机报复，准备谋杀和士开，事发被诛。至此，临泾胡氏家族开始衰落。隋开皇年间，胡太后去世。

7 一代名臣皇甫诞

皇甫诞（555~604），字玄宪，系魏晋时安定皇甫家族的后裔。

隋初，皇甫诞任兵部侍郎，协理军务。开皇中期后，曾任比部、刑部二曹侍郎，治书侍御史，大理寺少卿，尚书右丞，尚书左丞等职，"俱有能名"，"朝臣无不肃惮"。

隋文帝仁寿二年（602），太子杨勇被黜，晋王杨广继立为太子，蜀王杨秀、汉王杨谅皆不服。为强化地广势重的并州，文帝命皇甫诞任并州总管司马，协助汉王杨谅综管并州事务，颇得汉王赏识。杨广继位后，诏杨谅入朝，杨谅欲发兵作乱。皇甫诞闻讯后，一再劝谏杨谅"奉诏入朝，守臣子之节"。杨谅不仅不听，反将皇甫诞囚禁。杨谅发兵后，朝廷派大将杨素领兵问罪，杨谅倾兵至清源（今山西清徐县境）以拒。此时，杨谅的妻兄、并州主簿豆卢毓趁机将皇甫诞从狱中救出，二人关闭并州城门，策应杨素。杨谅得知后回军攻城，城破，皇甫诞、豆卢毓遇害。时在仁寿四年（604）九月，皇甫诞 51 岁。事后，炀帝下诏盛赞皇甫诞的操守，追赠"柱国（勋号），封弘义公，谥曰'明'"。

唐武德年间，其子皇甫无逸为父刊勒石碑，由光禄大夫于志宁撰文，书法大家欧阳询书丹，其书体被认为与欧阳询的另一名作《醴泉铭》"同臻佳妙"。此碑现存西安碑林。

8 隋将军牛弘

牛弘（545~611），字里仁，安定鹑觚（今灵台）人，隋朝有名的政治家、军事家和著名学者。

牛弘初为北周中外府记室、纳言上士，其父逝世后，袭封临泾公，任威烈将军、员外教骑侍郎，参加了《起居注》的修撰工作。隋建国后，文帝对他十分信任，任其为散骑常侍、秘书监，负责收集、校点和整理图书。牛弘向文帝上书，建议购求天下图书。文帝接受了他的建议，颁发诏书：凡献书一卷，赏赐缣帛一匹。此举为朝廷征集了大量图书资料，并据此编出隋代第一部综合性藏书目录。

开皇三年（583），牛弘任礼部尚书，奉文帝之命，修纂《王礼》一百卷，匡定了封建礼仪制度。三年后，调任太常卿，与姚察、许善心、何妥、虞世基等人修订雅乐，撰写雅乐歌词 30 首及《圜丘五帝凯乐》。他还受命编写了有名的《开皇律》。牛弘为人宽容大度，一个叫牛弼的人，醉酒后杀死牛弘驾车的牛，妻子一再告诉他，牛弘却说"作脯""已知之矣"。

隋炀帝大业二年（606），牛弘进位上大将军。次年，又改任光禄大夫，封奇章郡公。凡重大礼仪和政治活动，炀帝都让他参加，并引入帐中，与皇后同席伴座，共进酒食。

牛弘一生创作了大量诗文，有《牛弘集》13卷行世。

9 古文运动的先驱梁肃

梁肃（753～793），字宽中、敬之，安定（今泾川）人。唐代著名文学家。

肃幼年时住新安（今河南新安县）。"安史之乱"时，举家流亡吴越一带。大历五年（770），文学名家李华、独孤及初次见到梁肃，"始见其文，称其美，由是大名彰于海内"。后梁肃师从独孤及，品评学问。独孤及十分看重梁肃，梁肃也在《祭独孤常州文》中回忆了独孤及对自己的谆谆教诲，表达了对先师的崇敬之情。梁肃接受了独孤及的教诲，也继承了他的文学观点和主张，所以，李舟曾说，独孤及"为文之意，肃能言之"。大历十二年（777），独孤及辞世，梁肃为了弘扬先师的业绩，承担起整理和出版独孤及文集的工作，并写了情义深长、文辞优美的《常州刺史独孤及集后序》。

梁肃在中唐文坛上影响极大，包括韩愈在内的许多文学家都是他的学生。在其任右补阙、翰林学士、皇太子诸王侍读期间，有许多后学之士纷纷前去拜访、请教，梁肃的宅第成了文人学士聚会的场所。贞观九年（793），陇西成纪（今静宁）人李翱（韩愈的学生）参加州府之试后来到长安，拿着自己的文章去拜访梁肃。梁肃热情接待了李翱，对李的文章大加赞赏，认为有古人遗风，并预言李翱一定会留名后世。梁肃去世后，李翱作《感知己赋》一文以表达对梁肃的思念之情。

梁肃是古文运动的先驱，以善于识别和举荐贤才而闻名于世。崔元翰誉之"为学者之师式"。他与独孤及、李华既有师生之情，又有学友之谊，他还识拔了韩愈、李翱、欧阳詹等文学大家，对唐代古文运动的兴盛起了推动作用。

梁肃一生著述颇丰，唐人崔元翰说"有文集三十卷"。欧阳修《新唐书·艺文志》说有"梁肃集卷二十"。《全唐文》《文苑英华》存梁肃各体文章120多篇。

10 传奇小说家皇甫枚

皇甫枚（841～911），字遵美，泾州安定（今泾川）人，晚唐传奇小说家。唐僖宗时，曾任汝州鲁山（今河南汝山县）县令。唐亡后，以"遗民"身份隐居乡里，专心著书立说，写成了传奇小说集《三水小牍》3卷。

《三水小牍》写成后，在很长一段时间里不为人们所重视，所以宋人编写的《旧唐书·艺文志》和《新唐书·艺文志》没有提到这部作品。直到李昉编辑《太平广纪》，引用了他的文章，学者们才开始注意他的传奇小说。1927年，鲁迅先生选编《唐宋传奇集》时，选录了皇甫枚的《飞烟传》，并对《三水小牍》的作者、著录情况作了研究和介绍。

《三水小牍》所记"多仙灵鬼异之事"，是魏晋志怪小说的嬗变与发展。书中所载之事多为皇甫枚亲闻、亲见、亲历，作品假借神灵鬼怪的故事，揭露了社会恶势力的专横残暴，反映了下层百姓的苦难生活，构思奇巧，故事情节生动活泼，对人物及其活动的描写细致入微，很有特色，而且有不少是有较高思想性和艺术性的佳作。他的作品在唐传奇领域里占有重要地位。

11 唐朝牛氏两宰相

唐时，鹑觚县（今灵台）出过两位宰相——牛仙客和牛僧孺。

牛仙客（675～742），隋奇章郡公牛弘的后裔，初为小吏，因军功拜官洮州司马。开元初，仙客佐助河西节度使萧嵩，萧把军政大权全部交予仙客。仙客工作勤勉，受人拥戴。不久，升任太仆少卿、河西节度使、殿中监。开元二十四年（736）秋，赴任朔方行军大总管。因其治理河西政绩卓著，先后升任工部尚书，同中书门下三品，位居宰辅。牛仙客待人处事谨小慎微，"独善其身，唯诺而已"。百官请求决断大事时，他便说："但依令式可也。"牛仙客为政清廉，皇帝所赐财物，均如数存放，妥为保管，不敢挥霍享用，后被封为豳国公。天宝元年（742），任左相，兼任尚书，同年病逝，享年68岁。

牛僧孺（780～848），字思黯，出身于官宦世家。永贞元年（805）中进士，元和三年（808），策试贤良方正。牛与李宗闵等人"指陈时政之失，无所避"，触怒了宰相李吉甫，诸考官被贬，牛僧孺等人的官职也久久不得迁转，由此导致了历时多年的"牛李党争"。

元和九年（814），李吉甫卒，牛僧孺调任监察御史、考功员外郎、御史中丞等职。僧孺秉性耿直，以执法严明、洁身自好著称。元和十六年（821），上书朝廷"天下刑狱，苦于淹滞，请立程限"，规定了大、中、小案的具体内容及结案时限，改变了旧时狱案滞留、长期不得结案的拖沓现象。长庆元年（821），宿州刺史李直臣贪赃受贿，罪当处死，唐穆宗主张网开一面，为奸臣请脱，僧孺却执意予以严惩。外臣韩弘为求入朝任职，大肆行贿，并记录了受贿者的名字，唯在僧孺名下写道："某月日，送牛侍郎物若干，不受，却付讫。"穆宗欣赏他的廉正，赐以金紫之服，迁为户部侍郎、同平章事，出任宰相。

长庆四年（824），敬宗即位，牛僧孺任中书侍郎，加银青光禄大夫，封奇章郡公、集贤殿大学士，监修国史。敬宗荒淫无度，宦官用事，大臣朋比为奸。牛僧孺数次上谏无果，乃求任外职，予以回避。翌年正月，以检校礼部尚书、同中书门下平章事出任鄂州刺史、武昌军节度、鄂岳蕲黄观察使。僧孺到任后，修葺江夏城，废掉沔州设置，裁减官员，减少国家开支，减轻人民负担。

会昌元年（841），李党首领李德裕入朝执政，借口襄州（今湖北襄阳）水灾与牛僧孺治理不力有关，将僧孺连贬三遭。大中元年（847），宣宗即位，僧孺再度出山，任衡州长史、太子少史，李德裕被贬为崖州（今海南琼山县）司户，"牛李党争"宣告结束。

牛僧孺既是政治家，又是文学家，与著名文学家、诗人白居易、刘禹锡、杜牧等人诗文酬唱，关系甚密。其代表作有传奇小说集《玄怪录》10卷。

12 晚唐词人牛峤、牛希济

牛峤（生卒年不详），字松卿，安定鹑觚（今灵台）人，牛僧孺之孙。乾符五年（878）进士，历官拾遗、补阙、校书郎，王建镇前蜀时辟为判官，及开国，拜给事中。

牛峤是唐末五代时期著名词人，著有文集30卷、《歌诗集》3卷，今有王国维辑《牛给事词》1卷。其歌诗仿李长吉，并受民间"曲子词"影响，自成风格。王国维在《人间词话》中认为牛峤是晚唐、五代及南北朝词人中"以景寓情"，"专作情语而绝妙者"。况周颐在《餐樱庑词话》中说，牛松卿的词"繁弦促柱间，有劲气暗转，愈转愈深，此等佳处，南宋名作中间一见之"。

牛峤属花间派词人，在当时词坛流宕声色艳情之作的情况下，他能写出《定西番》等一些反映边塞戍楼、征人离愁之苦的作品，实属难得。

牛希济（生卒年不详），牛峤侄，五代时著名词人。前蜀王衍时，官至翰林学士、御史中丞。蜀亡，归后唐，任雍州节度副使。

牛希济的词风接近韦庄，又兼取飞卿，善于用白描曲写心事，炼饰却不失自然，简净又含深致，虽不脱脂粉气，却透出一丝平淡清丽的气息，故为文学史家所注目。今有王国维辑《牛中丞词》1 卷。

牛峤、牛希济叔侄的诗文词作，在中国诗歌史上占有一定的地位，《唐宋名家词选》《唐宋词鉴赏辞典》均有收录和点评。

13　抗金名将吴玠、吴璘、刘锜

吴玠（1093～1139），字晋卿，德顺军陇干县（今庄浪）人，南宋著名将领。宋徽宗政和年间，入泾原军，被列为泾原第十将。靖康元年（1126），因功被提为第二副将。北宋亡后，吴玠在青溪岭阻止了金兵攻占陇东的步伐，升任泾原路兵马都监，兼知怀德军。后升任忠州刺史、泾原路马步军副总管。富平大战失利后，吴玠集结余部，退守和尚原（今陕西宝鸡南）。

绍兴元年（1131）十月，宗弼（即金兀术）领 10 万军向和尚原发动猛烈进攻。吴玠与弟吴璘指挥将士，列栅设防，派奇兵切断金兵粮道，用强弓劲弩轮番射击，将敌击退，宗弼受伤溃逃，南宋军取得了有名的"和尚原大捷"。战后，吴玠先后被任命为镇西军节度使、宣抚处置使都统制，节制兴、文、龙三州，驻军河池（今甘肃徽县）。

绍兴三年（1133）正月，金兵攻饶风关（今陕西石泉县）。吴玠一昼夜急行三百里，先敌一步到达，与敌苦战六昼夜。金兵北撤时，吴在武休关（今四川留坝）歼敌数千。战后，驻军仙人关（今甘肃徽县与陕西凤县之间）。次年二月，又与吴璘联合指挥了仙人关大战。绍兴九年（1139），朝廷授特进、开府仪同三司，迁四川宣抚使。是年九月，病逝，谥武安，追封为涪王。

吴璘（1102～1167），字唐卿，吴玠之弟。少年时，随兄入伍。"和尚原大捷"后，任康州团练使、泾原路马步军副总管，驻守和尚原。

绍兴四年（1134）二月，宗弼领10万骑兵，进攻仙人关。璘从和尚原回撤至仙人关右侧的杀金坪，与吴玠互为犄角，协力抗敌。璘以刀砍地，激励将士："死则死此，退者斩。"遂督军苦战，指挥士兵用"驻队矢法"轮番扫射，并派出精锐勇士，冲入敌阵，用长刀大斧左冲右杀，又在四面山上点燃大火，擂响大鼓。金军疑有宋军大队人马赶到，大败而逃。吴氏兄弟取得仙人关大捷后，乘胜收复秦、凤、陇三州，遏制了金兵南下的势头。

吴玠病逝后，吴璘接过兄长的旗帜，担起了抗金守土的重任。绍兴十年（1140），金人背弃宋金和议，举四路兵南下，占长安，直扑凤翔。吴璘与胡世将联合，在泾原（今平凉一带）、扶风、陇州（今陕西陇县）等地阻敌，皆获得胜利。绍兴三十一年（1161）九月，金主完颜亮举60万大军南犯，吴璘带病调兵遣将，在陇右各地顽强阻击，使金兵始终未能入川。乾道三年（1167），吴璘在汉中病逝，临终前仍念念不忘抗金大业，"愿陛下勿弃四川，勿轻出兵"，并留下一部军事理论著作《兵要》。

与吴氏兄弟一起力挺南宋半壁江山的还有南宋名将刘锜。

刘锜（1098～1162），字叔信，德顺军（今甘肃静宁县）人，从小随父出征，屡战屡胜，任泾原经略，兼知渭州。不久，奉诏入京，负责长江东段军事防务。

绍兴十年（1140），锜领兵4万北上，准备接收汴京（今开封市）。行至涡口（今安徽蒙城），传来金人背盟进犯的消息，锜急令将士抢先进入顺昌城（今安徽阜阳），指挥城中军民积极防御。

刘锜先用骄兵之计派间谍告诉兀术：刘锜只知享乐，没有才能。兀术信而轻敌。刘锜却一面令士兵造浮桥，一面派人在河中和草地里暗中投毒，结果金兵全部被药毒倒。宋军趁机杀出，敌兵损失十之七八。

绍兴三十一年（1161），完颜亮纠集60万大军南犯，刘锜在扬州皂角林设伏，再败金兵，声名大震。次年闰二月，刘琦病逝。

14 明御史巨敬

巨敬（1354～1402），字土言，今甘肃平凉人（一说灵台人）。16岁补廪，22岁中举，连登进士，授翰林院吉士，后任编修。洪武二十六年（1393），因编《寰宇通志》有功，升任北平道监察御史。

洪武三十一年（1398），明太祖朱元璋去世，皇太孙朱允炆即位，改号建文。巨敬查知燕王朱棣有图谋不轨的情况后，三次上疏请建文帝将燕王府治南迁，以防意外，建文帝均不予答复。建文帝元年（1399），燕王与周王、齐王、湘王、代王、岷王相互煽动，不轨之举日渐明显。巨敬、连子宁（史部侍郎，迁御史大夫）再次上疏，请将燕王的府治迁徙到南昌（今江西南昌市），并下诏予以斥责，建文帝仍以"骨肉至亲，不必问罪"而拒绝。巨敬等跪曰："隋文帝、隋炀帝，难道不是父子吗？"建文帝沉默良久才说："以后不要再提此事了。"后建文帝先后处置了湘王、岷王、齐王、代王，唯独对燕王没有采取任何措施。巨敬知道再上疏也无用，便直接找到燕王，劝其不要步历史上至亲骨肉为争王位而相互杀戮的后尘。燕王朱棣以"遵循《皇明祖训》讨伐奸恶"为借口，拒不听谏。七月，便发动了"靖国之役"。巨敬闻讯后，忙去燕王府谏阻，却被燕王命内侍推出了府门。

建文四年（1402）六月十一日，燕兵抵达南京，文武纷纷迎降，建文帝焚宫出逃。朱棣登上皇位，清宫三天，捉杀忠于建文帝的文武官员。

八月，巨敬被抓。被押见皇上时，巨背对皇上昂首而立，双腿被打断后，仍坐而不跪。皇上大怒，施以酷刑，将其裂身处死，并杀其家人26口，巨时年48岁。

巨敬忠贞不屈、英勇受戮的消息传开后，上至文武官员，下至黎民百姓，人人敬佩，个个赞叹。嘉靖三十八年（1559），滁阳胡柏泉守关西，为巨敬树碑立传，始举祀典，并上奏世宗肃皇帝赠"节愍公"谥号。

15 明代才子赵时春

赵时春（1509～1568），字景仁，平凉南郊（今崆峒区）人，明中叶著名文学家。14 岁，中乡试。嘉靖五年（1526），荣中会试榜首，选官庶吉士，入翰林院任职，时年 18 岁。后任吏部、户部主事。

明世宗昏庸，崇奉道教，疏于朝政。时春两次上疏，指评时政，倡言改革，世宗不察时春的忧国之情，反将其两度黜官为民。

嘉靖二十九年（1550），蒙古鞑靼部经常南犯，威逼京城。在群臣极力举荐下，明世宗再度起用赵时春，拜官兵部主事，负责京师防务。嘉靖三十二年（1553），时春升任佥都御史，巡抚山西。面对强敌的进犯，时春满怀信心地说："使吾领选卒五千，淹达、丘福不足平也。"是年九月，蒙古兵入犯神池、利民堡，时春领兵阻敌。部队行至广武（今山西代县），探子报知 60 里外有两千敌兵。时春立功心切，策马奔袭，在大虫岭遭遇伏击，兵败而归。战后，朝廷让时春"回籍听调"。时春回到平凉后，即寄情山水，潜心著述，再未出仕，直至终老故乡。

赵时春学识广博，著述甚丰，主要著作有《平凉府志》13 卷、《赵浚谷诗集》6 卷、《赵浚谷文集》10 卷。其中《平凉府志》是平凉首部府志，因"其考证叙述具有史法，在关中诸志之内最为有名"，而被收入《四库全书总目提要》。

　　赵时春做官时间不长，但人们对其才华和功业的评价却很高，有"宋有欧、苏，明有王、赵"之誉。

16 　清代漕运总督慕天颜

　　慕天颜（1624~1696），字鹤鸣、拱极。其先祖为辽西鲜卑族人，复姓慕容。明初，慕容氏后裔到平凉为官，遂定居静宁。到天颜的父亲慕忠以后，改"慕容"为"慕"。

　　天颜少有大志，胸襟旷达。顺治三年（1646）中举人，十二年（1655）中进士，派任浙江钱塘县令。升任福建兴化府（今莆田县）知府后，因审理了牵连全省数百人的百万军需这一重大积案而声振朝野。康熙五年（1666），以兼理太常卿充正使的身份赴台湾招抚郑经，沿途对所经岛屿、扼塞险易详细观察绘图，入奏朝廷，为收复台湾做了准备。

　　康熙九年（1670），天颜被授为江苏布政使。任职期间，他革除了地方豪绅隐占田产、偷漏赋税的积弊，使贮库帑金渐趋丰裕；疏通吴淞江、浏河淤道，使苏、松、常、嘉、湖、杭六郡旱涝保收；奏请蠲免历年板荒、坍没、公占田地赋额银……康熙嘉其"实心任事"，诏令各地效法。

　　康熙十五年（1676），吴三桂叛军恃洞庭之险固守岳州，清军不能南下。天颜受命造船济师，不到四个月全部竣工，为岳州之战的胜利作出了贡献。康熙降旨嘉奖，加太子少保、兵部尚书衔，嗣后又晋升为光禄大夫。

　　康熙二十六年（1687），任漕运总督。因与河道总督靳辅在治理运河淮扬段水患上意见不合，诏命勘察、部议后，天颜力主疏浚的疏议被否决，遂被罢职，归里。

天颜回到静宁后，恰逢大旱，又复发旧疾，便带家人到江南就医。康熙三十五年（1696）病逝于吴县（今苏州市）。

17 民国将领杨子恒

杨子恒（1898～1961），原名杨永时，曾用名渠统，字子恒，灵台县上良乡杨家庄人。少时就读于本村私塾，后受教于甘肃省立第二中学，因反对学监打骂学生而被开除，激愤之下，出外当兵，先后在陕西靖国军、北洋陆军二十师、冯玉祥十六混成旅等部为伍。民国18年（1929）12月，受杨虎城邀请，杨子恒到其部任旅长。次年元月，杨虎城任陕西省政府主席，杨子恒随军入陕，编入十七师孙蔚如部下。

民国20年（1931）11月，随孙入甘，率兵西进，打败雷中田，赶走了吴佩孚在甘的势力。12月进入兰州，被任命为兰州警备司令。民国21年（1932）2月，受命计杀陈珪璋，改任陇东绥靖司令，驻军平凉。

杨子恒入驻平凉以后，在家乡灵台兴建小学，在平凉捐物扩建省立第二中学、平凉女师，为省立二中创建理化实验室，兴建大礼堂。又扩建充实了原陇东绥靖司令陈珪璋创办的秦腔剧团——平乐社，协助灵台县县长张东野修复了被毁为废墟的古"灵台"遗迹。

"西安事变"后，杨子恒被视为"张杨余孽"，被召入南京陆军大学将官班受训。1937 年 11 月南京失守，国民政府逃往武汉，杨子恒部任命后撤长沙，杨与众将要求赴前线抗日，因此按兵不动，遂因"不听命令，意图叛变"之由被软禁，次年被解送至武昌军法总监部审问，并被拘留。数月后由邵力子、张治中等保释出狱。民国 29 年（1940）12 月，杨在重庆参加了中华民族解放行动委员会（即中国农工民主党），任军事委员。民国 31 年（1942）3 月参加中国民主政团同盟（即中国民主同盟），被选为民盟中央委员。

1949 年 9 月，杨子恒以中国农工民主党代表身份应邀参加第一届中国人民政治协商会议，12 月任甘肃省人民政府委员。1950 年以后，历任甘肃省交通厅厅长、民盟甘肃省主任委员兼民盟西北总支部委员和中央委员、第一届全国人大代表、政协甘肃省副主席等职。1961 年 11 月 4 日因病逝世，终年 63 岁。

18　爱国人士李世军

李世军（1901～1989），字汉三，静宁县人，1923 年加入中国国民党。1924 年 12 月，他被孙中山先生派赴甘肃宣传《北上宣言》和"联俄、联共、扶助农工"的政治主张，并在平凉、天水两地发展国民党员，组建两地分部，被任命为甘肃省党部筹委会主任。1927 年 4 月应冯玉祥邀请，任国民革命军第二集团军总政治部科长、处长，参加了冯阎倒蒋的"中原大战"。战争失败后，东渡日本学习。"九一八"事变后回国。

1932 年，应国民党监察院院长于右任先生邀请，任国民党中央党部政治设计委员会委员，曾去华北视察，揭发了个别地方官员。1938 年，李世军以监察委员的身份先后在武汉组织难民收容工作，揭发了阎锡山克扣傅作义部队军饷事件和汪精卫与伪满"通邮通车"事件。次年，被任命为甘肃省政府委员兼建设厅厅长，主持修建了甘川、华（华家岭）天（天水）双（双石铺）等公路，兴办了湟惠、洮惠、溥济、鸳鸯池水库等水利工程，开辟了天水、西固、肃州（今张掖）、临洮等地的飞机场。1948 年参加了立法、监察两院部分委员促成国共和谈的活动。

上海解放后，李世军与留在宁、沪的部分立法委员联名上书中共中央，并发表声明脱离同蒋介石政权的关系。新中国成立后，李世军先后任江苏省政协副主席、国务院参事等职，是一位知名的爱国人士。

19 陇上英烈保至善

保至善（1902～1928），字乐廷，世居崇信。自幼聪颖，性好交游，常为朋友事慷慨解囊。幼读私塾，后入县立小学，1920 年考入甘肃省立第二中学。1924 年，考入国立西北大学，是崇信县第一名大学生，因此名声大噪。在西北大学教师队伍中，有几位是和李大钊一起从事过革命活动的共产党员。保至善受这些教师的影响，经常阅读革命刊物，逐渐接受了马克思主义思想。同年深秋，西北大学闹学潮，要致电北京政府，但因种种缘故，在西安发不出电报。保和另一同学专程到泾川县邮电局发了致北京政府的电报，顺路回到崇信，借此向慕名来访的青年宣传革命道理，"将来一定要建立一个没有穷人的社会"。

1926年春，北洋军阀刘振华部围困西安城。西安的中共地下组织为配合北伐战争，积极组织力量，支持杨虎城将军的护城斗争。保在学校里与进步学生一起，上街进行革命宣传活动，不久便加入了中国共产党。

1927年年初，国民党甘肃省党内左派与右派的斗争开始激烈。为加强在甘肃的工作，壮大革命力量，共产党员刘伯坚以国民联军总政治部负责人的合法地位，派共产党员王孝锡、胡廷珍、马凌山、保至善四人以"西北政治委员会特派甘肃省党部党务委员"的身份，到甘肃整顿党务，改组国民党甘肃省党部，保任省党部农工部长，积极活动，筹办农会。同年6月，保出席了皋兰、西固城区和七里河区农民协会成立大会。7月在西安不幸被捕，次年在郑州被杀害，年仅26岁。

20 陶行知教育思想的践行者台和中

台和中（1905～1959），字致堂，庄浪县阳川乡台家咀人。台和中出身于普通农家，青年时代就读于平凉中学，参加了中共地方党外围组织"青年社"。不久，"青年社"被查封，台被迫到南京入陶行知私立晓庄师范读书。毕业后，受陶行知派遣去江苏淮安县新安小学任教。后陶行知被通缉，新安小学经费断绝，和中赴安徽涡阳乡村师范任教，以每月薪水的三分之二资助新安小学。淞沪抗战后，台和中接受陶行知"西北人应回西北贫困落后地区办教育"的意见，回到甘肃，先任教于兰州乡村师范，后任兰州女子职业学校校长。民国32年任静宁中学教导主任。民国34年受县人敦请回乡，任庄浪中学（今庄浪一中）校长。

台到庄浪中学后，发起"一户一蛋"的助学活动。在办学过程中一直推行陶行知先生"生活即教育""社会即学校""知行合一""普及平民教育""科学下嫁"等教育思想。以"手脑相长"为校训，教学生唱陶行知作词的《手脑相长歌》。他要求学生做到"三到"，"眼到、心到、手到"；"七问"，"问古、问今、问未来、问天、问人、问万物、问数目"。这些思想在当时甘肃教育界是独树一帜的。

中华人民共和国成立后，台和中先后任平凉女子师范、平凉师范、静宁中学校长。1959年逝世，享年54岁。

四 文物古迹

1 文物珍藏

平凉现有市、县（区）博物馆8处，其中二级博物馆1处、三级博物馆3处。馆藏文物共4万多件，主要由石器、陶器、铜器、玉器、瓷器、佛道教文物及其他文物等组成，其中国家一级文物199件、二级文物1311件、三级文物4154件。大云寺佛祖舍利金银棺、西周青铜器、静宁玉琮、南宋货币银合子等为国宝级文物。

大云寺佛祖舍利金银棺

1964年10月的一天，在泾川县城关公社水泉寺村出土了一批重要文物。当时的出土报告写道：

元龙泉窑青釉镂空花瓶

平凉市博物馆外景

　　地宫内存放有一具半米见方的石函，函盖是覆斗形，刻有"大周泾州大云寺舍利之函总一十四颗"16字。函身四周均刻有铭文。函内盛有4寸见方的铜匣，样子很像石函，匣上有锁，钥匙由一条细金链系在匣上，尚可开启。铜匣内是一具长方体银椁，比匣略小，盖为瓦形，周围还有一周低矮的小栏杆，椁身两侧各有一对并列的小环。匣、椁的表面都是细工雕刻的素文缠身忍冬花，银椁内才是金棺。金棺的样子与银椁相同，比椁稍小，周身是金页贴成的莲花图案，花中镶有各色宝石，正中与侧面均嵌有较大的白色珍珠。金棺内盛一很小的球形细颈琉璃瓶，内含豆大的白色晶体"舍利子"14粒。

1964 年泾川大云寺出土的五重套函及佛祖真身舍利

1971 年 9 月 19 日，79 岁高龄的郭沫若在甘肃省博物馆见到了泾川金银棺、佛祖舍利等珍宝，激情难抑，一一鉴定后，评定为国宝级文物。此后，大云寺佛祖舍利金银棺作为中华优秀文化瑰宝，多次到美国、日本、英国、法国、瑞士、新加坡等国巡回展出。大云寺佛祖舍利金银棺的声名远播国内外。

西周青铜器

平凉是晚商和西周文化的重点分布区之一，在古密须国（今灵台）旧境出土有礼器、兵器、车马器及生产工具等青铜器多件，在灵台白草坡一带也先后发掘出 10 多座西周墓和车马坑，出土的鼎、瓿、簋、尊、爵、卣等各种器物有 1500 多件，其中包括潶伯提梁卣、爰伯方鼎等 13 件有铭重器。1972 年和 1983 年，又先后在灵台姚家河、崖湾西周墓中出土了乖叔鼎、并伯瓿等青铜器珍品，为史书所载密须国的存在提供了文字证据。

平凉各博物馆收藏的众多青铜器，大部分出自奴隶主的墓葬，这些青铜器造型奇特，纹饰华丽，铸造精良，精美绝伦，充分反映了商周时期平凉地区青铜文化的繁荣和鼎盛。

"静宁七宝"

齐家文化以出土众多玉璧、玉琮为显著特征，其中最引人瞩目的当属 1984 年出土于静宁县治平乡后柳沟一祭祀坑中的"静宁七宝"。

蚕节纹玉琮

"静宁七宝"包括三件玉璧和四件玉琮。三件玉璧制作精良，尺寸硕大，其直径分别为 27.3 厘米、27.8 厘米和 32.1 厘米，均为国家一级文物。四件玉琮均为高型琮，其中两件有纹饰者为齐家玉琮中所仅见。而呈圆角方柱形、外方内圆、琮体四角有阴刻的 13 道平行瓦楞纹、通高 14.7 厘米、重 920 克、整体呈墨绿色的一件玉琮，更是国宝级的文物，被誉为"中华皇帝琮"，其他三件玉琮也都是国家一级文物。

"静宁七宝"不仅是平凉的奇珍，也是我国齐家文化玉器中的精品。

泾州三碑

泾州三碑指南石窟寺之碑、宋代陶谷碑和镇海寺蒙文碑。

宋代陶谷碑亦称王母宫颂碑、天圣碑，通高 252 厘米，宽 86 厘米，厚 18 厘米。梯形碑额与碑身相连，无装饰，龟形座，碑额五寸篆书"重修回山王母宫颂"，传为陶谷手笔。碑文玉箸篆书，20 行，每行 26 字，现残存 140 余字，记载了西王母事迹的渊源及当时王母宫因"年圮侵远、栋宇毁坏"的惨状和"太师清河公受赈建牙，三临安定"，"申命主者，鸠工缮修"王母庙的经过。

碑文中提到的太师清河公，名张铎，前后三次镇泾州，即碑文中所说的"三临安定"。赴任后即动工修建回山王母宫，并请了当时的翰林学士、承旨、刑部尚书知制诰陶谷为他写了《回山王母宫颂》，陶谷还亲笔题写了碑额。

此碑之所以被称为瑰宝，是因为陶谷所撰的那篇词采绚丽、融入神话传说的碑文和他亲笔书写的碑额，还有上官佖的篆书、楷书和荔非世雄的刻工，以及先后三次削平重刻的不平凡的成碑经历。正如上官佖在碑阴跋语中所说："陶谷之文，回山之庙，偕斯篆而不朽矣。"

镇海寺蒙文碑现藏于泾川县文保所内。镇海寺原址在泾州古城址北兼山脚下，始建年代不详。从原址保存有北魏李阿昌造像碑看，应是一座相当古老的寺院。镇海寺蒙文碑的碑文是元代皇帝忽必烈为镇海寺颁发的一道用古蒙古文（即八思巴文）书写的圣旨。原甘肃省人大常委会副主任流萤邀请西北民族学院社会人类学教授郝苏民把此碑译成了汉文，其主要内容是：

> 和尚、也里可温（景教僧侣）、先生、答失蛮们（道士、伊斯兰教士），除地税、商税外，不再承担任何差发（指一切赋税徭役），让其祷告上天为我们祈福！
>
> 县镇的达鲁花赤们（镇守官、宣差）、往来使臣们、军官们、军人们……不要在他们的寺院、房舍里住宿！不

得向他们索要铺马、祗应（泛指饮食），不得强征他们的土地、用水、碾磨等物！他们这些和尚也不得凭仗持有圣旨而干无理的事！

八思巴文自颁行至废弃的时间很短，而且主要用于官方文件，在民间并不流行，所以传世很少，这种文字的碑刻也不多见。镇海寺碑至今字迹清晰，保留了八思巴文及八思巴文书写的原貌。皇帝从上京给该寺颁发圣旨，可见镇海寺在当时地位之高、影响之大。

南石窟寺之碑在后文《南石窟寺》中有介绍，请参阅。

平凉三大钟

钟是古代的一种乐器，分为乐钟和洪钟两类。平凉三大钟属古洪钟类，主要用于佛教寺院，故又称"梵钟""佛钟"。

宋天圣铜钟铸造于宋仁宗天圣七年（1029），是平凉境内现存最古老的铜钟，高 1.7 米，口径 1.14 米。钟体铸有"皇帝万岁、臣佐千秋、法轮常转、国泰民安"十六个大字，两侧铸浮雕佛像、天王和伏狮力士等图像，

天圣铜钟

为终南山铸钟匠陈训所铸。其中一方格铭文为楷书阴刻，书法工整，刻工精妙，书明刻工为荔非世雄。天圣铜钟是一件有明

确纪年，并有铸钟工匠、刻字家、主持铸钟人身份与姓名的铜钟，这在国内是罕见的。据传，抗日战争时期，该铜钟曾被悬挂于平凉西门城楼做警报器，"文革"中被移至平凉军分区院内，后又被移到柳湖，20世纪80年代初被移至宝塔院建亭保护。现为省级文物。

金明昌铁钟铸造于金代明昌丙辰年（1196），原悬于灵台县城寺咀子（胜果寺）内，后寺院塌毁，被移于县文化馆内建亭保护。钟高3.3米，底周长5.2米，钮为一兽二首蒲牢钮，四足抓钟，全身鳞甲。有回音孔，分三层铸字，第一层铸"皇帝万岁、臣佐千秋、法轮常转、国泰民安"十六个大字，其他格内铸功德主姓名，并铸有梵文咒语，铸工精良，体量浑大，为平凉市古洪钟中体量最大的一件，现为省级文物。

金大安铁钟为金代卫绍王大安三年（1211）铸造，是回山庙宇的遗物，《泾州志》所云"宫山晓钟"即指此钟。钟高1.9米，底周长4.9米。有回音孔，钟钮已坏，钮周饰十莲瓣纹，通体分三层十六格袈裟纹，一层铸"皇帝万岁、臣佐千秋、法轮常转、国泰民安"十六个大字，其他格内铸功德主姓名。现为省级文物。

2　"国保"单位

古文化遗址

平凉是古人类的诞生地之一，境内已发现旧石器时代文化遗址 12 处，新石器时代文化遗址 1145 处。现有 4 处被国家文物局公布为重点文物保护单位：曾出土一 20 岁左右晚期智人女性头盖骨化石，从而证明 5 万年前泾川就有人类生存的泾川牛角沟旧石器遗址；含仰韶和齐家两个考古学文化，并间杂有秦汉时期的墓葬和遗物、延续时间较长的灵台西山遗址；含新石器时代齐家文化和周文化聚落，并见汉以来遗迹和遗物的灵台桥村遗址和静宁成纪故城遗址。

成纪故城遗址位于静宁县治平乡刘河村与李店镇五坊河村、王沟村交界处，是汉成纪县城故址，总面积 33.6 万平方米。城址覆于新石器时代仰韶文化和青铜时代齐家文化遗址之上。

遗址现存部分城垣，成纪水从其东北城墙旁绕过，城内散见大量秦汉时期的板瓦、筒瓦残片和各种粗细绳纹、篮纹陶片及"长乐未央""帛美禾大"瓦当等。城周有多处战国和秦汉墓葬，出土了许多仰韶、马家窑、齐家文化的彩陶罐、钵、豆以及汉代的铜钫、鼎、长颈壶、香炉、镜和数量不少的汉代漆器，还有令专家叹为观止的远古祭祀用的玉琮、玉璧等。

据《水经注》和《后汉书》记载，成纪为"人文始祖"伏羲和汉代"飞将军"李广故里，该遗址具有重要的历史和考古价值。

王母宫石窟

王母宫石窟位于泾川县回中山下，开凿于距今 1500 多年前的北魏永平年间。窟表是依山而建的四层凌云飞阁，窟内为回形中心塔柱式结构，深约 10 米，宽约 12 米，高约 11 米，中间有一个 6 米见方高及窟顶的塔柱。塔柱四面和窟内三壁分三层，其上雕有大小造像 200 余尊，大部分是坐像，最大的有丈余，最小的不足一尺。面向窟门半跏趺于莲台上的如来佛高达 4 米。

窟内造像具有北魏太和年间的风格。有学者推测，该窟的开凿与北魏皇太后胡充华有关。胡充华是泾州临泾（今泾川）人，北魏宣武皇帝的妃子、孝明皇帝元诩的母亲，曾一度独揽朝政大权。她是一个忠实的佛教徒，曾耗巨资修建了洛阳的永宁寺，也曾率领百官回过她的故乡。

泾川王母宫远景

王母宫石窟内的造像由于潮湿，蚀化严重，后代多以泥土修复。从现存泥表可以看到唐、宋、清三朝的风格，但泥表脱落后的石造像就显出北魏的风格。

王母宫石窟已被国务院公布为全国重点文物保护单位。

南石窟寺

南石窟寺位于泾川县城东 7.5 公里的泾河北岸，由北魏泾州刺史奚康生主持开凿于北魏永平三年（510），与庆阳北石窟寺一起被誉为"陇上石窟双明珠"，1963 年被列为省级文保单位，1988 年被国务院列为全国重点文物保护单位。

南石窟寺现存 5 个洞窟，均凿于白垩纪红砂岩上。其中最有价值的为第 1 窟，呈长方形，高 11 米，宽 18 米，深 13 米。正壁及左右壁台基上雕七身立佛，高 6 米，面部丰满，神态庄严安详。两旁 14 尊胁侍菩萨，高约 3.5 米，风姿绰约，亭亭玉立。前壁门两侧各雕一弥勒菩萨，高 5 米。窟顶东、北、西有浮雕佛传故事。

南石窟中的佛像造型威严中带有慈祥，反映了大乘佛教自利利他、平等和谐等核心内容。第 4 窟为中型方窟，两侧分排，雕有十六罗汉、八菩萨、六力士，正中为三菩萨，分别为唐代和晚清风格。

南石窟寺之碑系南石窟寺开窟遗物。碑体通高 225 厘米，宽 105 厘米，厚 17 厘米。北魏永平三年（510）四月刻石，楷书 23 行，每行 38 字，现每行存约 34 字，碑刻字迹目前多已模糊不清。学者评价南石窟寺之碑书法"从分隶出，颇似《中岳庙碑》，其雄浑、朴拙更近爨龙颜碑"，"笔画迟涩凝重、结字稳重而富于变化，形象雅拙而带有古意"，"较之中原各地传世的魏碑书法，更具有西北特有的狂悍不羁阳刚之美"。它与张猛龙碑、吊比干碑等并列为北魏著名碑碣。

石拱寺石窟

石拱寺石窟位于华亭县南 23 公里处的上关乡半川村，隔汭水支流上关河与中国道教名山龙门洞遥遥相望。

石窟群雕凿在距地表 5～10 米的黄砂岩石崖上，现存 14 个窟龛。其中 2 号、6 号两窟深、高、宽皆为 10 米，存有部分造像残迹和位于石窟南壁门窗两侧的数十尊供养人及金刚、力士造像。1号窟惜于早年山崖崩塌时被毁,其余11个0.5~2.5米的中、小型窟龛尚完整。从雕凿艺术角度看,11号窟的雕像尤为精美。它位于整个窟群的中心部位,顶部有四组八尊飞天,形象飘逸飞动,似仙女从天而降,南壁供养人造像栩栩如生。7号、8号两窟雕有释迦、多宝二佛对坐说法雕像与佛传故事,造型尤为动人,其艺术造诣可与山西云冈石窟相媲美。

石拱寺石窟是在佛教兴盛的北朝晚期雕凿的,距今已有1400多年,是我国西北地区北魏晚期最具代表性的窟群之一,2013年被国务院公布为国家重点文物保护单位。

云崖寺—陈家洞石窟群

云崖寺—陈家洞石窟群包括云崖寺、红崖寺、西寺、竹林寺、朝阳寺、金瓦寺、佛沟、大寺、殿湾、三教洞、殿子峡、

陈家洞石窟

陈家洞等石窟 12 处，窟龛 80 多个，各种造像 90 余尊，浮雕壁画 60 多平方米，与麦积山等石窟齐名。其开凿时间历北魏、西魏、北周、唐、宋、元、明、清数代，是中国石窟营造史上大规模开窟造像之风的最后止息地，中国晚期石窟艺术的集大成者，对中国晚期石窟与佛教艺术的研究具有极为重要的价值。

该窟群最主要的部分是始建于北魏时期的云崖寺石窟。该窟凿于长约 300 米、高约 80 米的悬崖峭壁上，窟列三层，层层相叠，共有编号窟龛 19 座，石造像 18 尊，泥塑像 55 尊，壁画 14 平方米，明碑 2 通，分别刻有"主山云崖寺成碑记"和"云崖碑记"。洞窟中尤以"五方佛洞"白云洞最为精美。它开凿于明成化年间，3 丈见方，四周均有泥塑，共有五佛十菩萨和许多泥塑浮雕，表情丰富，形态各异，其丰富细腻的手法、流畅生动的线条，充分体现了当时高超的雕塑艺术。

2006 年 5 月，云崖寺—陈家洞石窟群被国务院公布为全国重点文物保护单位。

云崖寺还是国家 AAAA 级旅游景区和省级地质公园，位于庄浪县城东 28 公里的韩店乡黄草村，占地面积 22 万亩，其主峰四周分东西南北四台。其中北台由笔架山、棋盘峰、神仙桌等五峰组成，与云崖主峰合成一幅意趣盎然的"五老观太极"图画。景区内另有狮子岭、金驼峰、行军峰、秋千架、犀牛望月、大禹神足、湘子洞等独具神韵的名胜景观。

景区内有东北、华北、华中、喜马拉雅、中亚热带以及黄土高原等区系的 1000 多种维管植物和金钱豹、麝、梅花鹿、石貂、锦鸡、黄腹角雉等100多种珍禽异兽，是一座天然的动植物乐园。以页岩、砾岩、石灰岩等混合形成的复杂地质构造及独特的丹霞地貌，是区域性地学研究的重要素材，具有很高的教学、科研价值。

武康王庙

又名李元谅寝宫，位于崇信县锦屏镇东街，是为纪念唐代武康郡王、陇右节度使李元谅而建的祠，崇信人俗称其为城隍庙。

武康王庙

李元谅（732～793），唐代安息（今伊朗）人，唐德宗时期的著名将领。本姓安，自幼由宦官骆奉先收养，改姓骆，名元光。曾数次参加平叛，屡建功绩，升华州刺史，加检校尚书左仆射。贞元三年（787），因在"吐蕃劫盟"中救了唐会盟主帅浑瑊，受到德宗嘉奖，并赐姓李氏，改名元谅，封武康郡王。贞元四年（788），加封陇右节度使，驻守良原（今灵台县梁原），不久又扩展防区，收复失地，新筑崇信县城。贞元九年（793）十一月与世长辞，享年62岁。

据《崇信县志》记载，因李元谅"开拓疆土，修筑镇城，德被民生，感因王功"，于唐贞元十三年（797）在县城东门外为其建祠塑像，春秋祭祀。

武康王庙现存寝宫和拜殿两座建筑，是甘肃省存留年代较早的木构建筑之一，对研究祠庙演变有一定价值，也是研究西北地区古代建筑艺术和生态环境的真实依据，具有很高的历史、科学和艺术价值，更有着深厚的文化内涵。1941年，中华民国政府对武康庙进行过修缮。武康王庙于1993年被甘肃省人民政府公布为省级重点文物保护单位，2001年6月被国务院公布为全国文物保护单位。

崆峒山古建筑群

崆峒山古建筑群位于平凉城西12公里处的崆峒山上。该建筑群主要有坐落在舒花寺内的凌空塔，分布于隍城上的明代建筑磨针观、十二元帅殿、灵官洞、太白楼、献殿、真武殿、玉皇殿、天师殿、药王殿、老君楼、天仙宫，分布于雷声峰的明代建筑三官殿、玉皇楼、三星殿、雷祖殿等16座建筑。占地面积2339平方米，总建筑面积1484平方米。

崆峒山古建筑群始建于北宋乾德年间（963~968），清代曾有修葺，是山上历经劫难但保存最完整的建筑群，被称为建筑艺术的瑰宝。雷声峰建筑群现有道教宫殿6处，其中

崆峒山石牌楼

九光殿石坊是崆峒山现存的明代建筑物中唯一一件保存较为完整的石雕建筑，有明代平凉第十一世韩王朱璠瑎题写的"九光殿"匾额及"神霄玉府"题刻。匾侧雕有神仙故事，坊前二柱雕二龙戏珠，还有石狮、石羊等，造型生动，栩栩如生。

2012年崆峒山古建筑群被甘肃省人民政府公布为省级文物保护单位，2013年被国务院公布为全国重点文物保护单位。

延恩寺塔

延恩寺塔又称大明宝塔，位于崆峒区城东，为七级八面空心楼阁式建筑，高35.35米。明嘉靖十四年（1535）始建，嘉靖二十五年（1546）竣工，为明敕封韩王所建平凉紫禁城延恩寺的主体建筑。

古塔槐荫

全塔由塔基、塔身、塔刹三部分组成。塔基为红砂岩石条砌筑，无须弥座，塔身直接出自地面，这种简练明快的组合风格在我国古塔建筑中较为鲜见。七层砖砌塔身作空洞形仿木结构，塔内每层划分为三间，中间辟券门，两侧间辟小龛或窗，龛内置佛像。各层间以木楼板间隔，有木梯贯通上下，可供登临，这种内部结构，与宋以来大多数实心密檐佛塔完全不同。塔外，每层都有挑檐斗拱，上覆绿色琉璃瓦，下挂铁铸风铎。塔刹落在七层顶上，由覆钵、宝珠、露盘、宝盖、相轮、刹杆等组成，有直插云霄之感。

大明宝塔外观挺拔俊秀，雄伟壮观，蕴含较多的元明营造遗风和鲜明的西北地域特色，是研究明代高层建筑的重要实例。1962 年 12 月被甘肃省人民政府公布为省级文物保护单位，2006 年 5 月被国务院公布为全国重点文物保护单位。

3 百里石窟长廊

平凉境内的佛教石窟，最早引起人们注意是缘于 20 世纪 20 年代外国人组织的一次考察。1923 年，美国哈佛大学福格艺术博物馆派遣考察团，到平凉进行石窟考察。1925 年考察团又对泾川王母宫、罗汉洞石窟、王家沟（南石窟寺）石窟进行了第二次考察。不久将考察结果公之于世，才引起国内外专家学者的广泛关注。

王母宫石窟

平凉境内的泾川、崆峒是丝绸之路北线主干线的必经之地。丝绸之路进入平凉后，从长庆桥至王母宫近百里的泾河两岸凡有条件的地方都开凿了石窟。大小窟龛共 512 个，其中将家桥头的僧房窟或禅窟有 60 多个。寺名可考者有：泾明太山寺石窟（有 2 窟），内有造像，洞外有线刻壁画，时代为唐、宋，周围还有零散窟龛 42 个；罗汉洞石窟，有洞窟 200 多个，从千佛嘴至韩家沟，东西长 4 公里，存佛像 20 余尊，有壁画、影塑，时代为北魏、宋、明、清；丈八寺，有窟龛 17 个，有佛菩萨造像 3 尊，时代为北魏；南石窟寺，有窟龛 100 余个，造像数十尊，北魏永平三年（510）奚康生主持建造；王母宫石窟，造像百余尊，有浮雕壁画，时代为北魏太和年间晚期。百里石窟长廊，窟群之大，石窟数量之多，分布空间之密，时间跨度之长，十分罕见，引起国内外多方关注。

4 大云寺遗址的最新发现

2012 年 12 月 31 日，泾川县城关镇在修路时，于 1964 年出土过 14 颗佛祖舍利金银棺的大云寺东侧，发现一处埋有数十尊佛像的窖藏坑（1 号坑）。2013 年 1 月 9 日，在 1 号坑东、北、南侧分别发现了宋代泾州龙兴寺地宫和一个单体佛像。3 月 17 日，对单体佛像遗址进行清理时，又发现了 2 号佛像窖藏坑，出土陶棺一具（内有木匣）、铭文砖一块。铭文砖记述了公元 1013 年农历五月十二日，泾州龙兴寺僧人云江、智明，将收集到的"诸佛舍利二千余粒并佛牙佛骨"瘗埋在了寺内的文殊菩萨殿。这是继 1964 年出土佛祖舍利金银棺、1969 年出土"北周天和二年慧明造舍利石函"一套（包括石函、大

铜函、小铜函、琉璃瓶、数十枚舍利）后，该地出土的第三
批舍利文物，也是第四次佛教遗存的重大发现。

经过甘肃省文物考古所专家100多天的清理发掘，目前该
处共出土佛教文物270余件（组），其中1号坑出土文物231
件，龙兴寺地宫出土文物4件（组），2号坑出土文物33件。
如此密集的文物及佛舍利集于一地的重大发现，震惊了社会各
界，这在中国考古史上是十分罕见的。古丝绸之路上西有敦煌
莫高窟，东有泾州大云寺，两个佛教圣地相映成辉的情景赫然
呈现在世人面前。

五 风景名胜

1 崆峒山

崆峒山位于崆峒区城西 12 公里处，自古就有"西镇奇观""山川雄秀甲于关塞"之美誉，1994 年晋升为国家重点风景名胜区，2001 年被国家旅游局评为首批 AAAA 级旅游景区，2003 年 7 月，国家邮政局发行"崆峒山"特种邮票 1 套 4 枚，2004 年被国土资源部批准为国家地质公园，2005 年 7 月被国家林业局批准为"太统—崆峒山国家级自然保护区"，2007 年 5 月被国家旅游局授予国家首批 AAAAA 级旅游景区称号，2013 年，崆峒山古建筑群又被列为国家重点文物保护单位。

崆峒山为典型的丹霞地貌，绝壁万仞，怪石突兀，林海浩瀚，奇洞石室遍布，自然景观奇险灵秀。东、西、南、北、中五台形似莲花，四面展开。中台是崆峒山的中心，海拔 1894 米，地势平坦宽广，视野开阔。其上的隍城海拔 2039 米，孤峰突起，傲视群岭。东有棋盘岭，相传为广成子、赤松子对弈的地方；西有苍松岭，斜下直插泾河，又称"龙吸水"；北有舍身崖，又名"鹞子翻身"，极为险峻；西北有笄头山，酷似古人头上的发髻，以此而得名。崆峒主峰马鬃山叠居于五台之上，气势磅礴，直插云天。

崆峒山雪景

崆峒山历史悠久，人文景观古朴精巧，很早就有道教名山之称。相传五千年前广成子在此修炼，轩辕黄帝登临此山向其问道，秦皇、汉武亦登山寻访仙迹，历代官宦显达、文人骚客仰慕登临者甚众。崆峒山先后修有佛、道教8台9宫12院42处建筑群，留存传世诗画、碑铭、遗迹、文物不可胜数。2012年9月，中华道教协会会长任法融挥笔为崆峒山题词"道源圣地"。

崆峒山森林覆盖率达90%以上，已知的植物有1000余种，古树名木近百棵。招鹤堂的"孔雀柏"和凤凰岭的"定山神针"，树龄都在千年以上。崆峒山还有 70 多种野生珍稀动物，其中被列入国家野生动物保护名单的就有 10 多种。

崆峒山春季百花满谷，夏季绿树成荫，秋季漫山红叶，冬季银装素裹，四季游人如织。集优美的自然环境、深厚的文化内涵、久远的历史于一身的崆峒山，成了人文意义上的"昆仑"仙境。

2 回中山

回中山，又名王母宫山，位于泾川县城西泾、汭两河交汇处，是朝拜西王母的圣地，与隔泾河相望的大云寺一起，被评为国家 AAAA 级旅游景区。

泾川王母宫全景

回中山为古西王母氏族繁衍生息之地，也是西王母文化的重要发祥地和西王母祖庙所在地。经年累月的风雨沧桑，积淀了诸多文物古迹、碑刻史料和文人墨客佩笔登临留下的诗词题赋。回中山迷人的自然景观、厚重的文化令人心驰神往。

西王母祖庙始建于汉武帝元封年间，后世屡次修缮，其中以宋天圣年间修葺的规模最大，现藏于回山碑室的重修回山王母宫颂碑（即陶谷碑）载之甚翔。20世纪90年代，应台湾同胞及海外华人寻根谒祖之愿，政府筹资在回中山依清末遗址图再次重修了规模宏大、气势雄伟的西王母祖庙建筑群，恢复了西王母传统文化的重要载体。正西为西王母大殿，南北两侧分别为五帝殿、三皇殿，前后左右对称，主次轻重有别，构成了典型的四合院式古建筑群。山巅之钟亭，仿佛神仙灵气的点化，与锥形山体浑然一体，颇具神秘色彩。亭内悬挂重万斤有余的金大安铁钟。"宫山晓钟""泾水秋风""汭干晚渡""高峰春雨"等古泾州八景在此可一览无余。山南麓之瑶池，溪流纵横，玉泉点点，林深道幽，道观相连，传说为西王母设蟠桃宴宴请群仙的地方。山之北麓有滔滔泾河顺山东流，隔河眺望，泾州古城遗址、大云寺塔尽收眼底。

农历三月二十为西王母祖庙庙会，传承至今一千多年，香火不断。1999年10月，国际亚细亚民俗学会和中国民俗学会百余位专家聚首泾川，撰写了大量有价值的研究性论文，并联名授予泾川回中山"国家重点民俗文化景区"称号。2002年8月，华夏故土地图西王母祖祠取土仪式在回中山王母宫举行，这表明了泾川作为西王母故里在中华版图中的历史定位。

3　龙泉寺

　　龙泉寺在崇信县城北 1 公里处，是国家 AAAA 级旅游景区、省级风景名胜区和省级地质公园，有文献记载的历史有 460 多年。龙泉寺由山麓林带、芮谷、东台、中台、西台等几部分组成。中台景区面积 1.5 平方公里，东、西二台突而南出，环抱芮谷，中台居于其间。这里水流淙淙，树木葱郁，鸟鸣婉转，曲径通幽，俨然人间仙境，世外桃源。

　　芮谷沟口有山门，内有玉带桥，谷东有长 640 米的登山石级。玉带桥上约 20 米处有虎门，因其旁有人工雕凿之下山虎而得名。虎门西之谷中，有龙喷溪水奇观，仿古水车翻转不已。谷中溪水长流，潺潺有声，谷旁及东西山坡林木茂密，荫影蔽日。

龙泉漫步（吴烨摄）

龙泉寺景区殿、阁、洞、窟应有尽有。悬崖上凿有三清、玉皇、药王、龙王、睡佛、三官、儿女、菩萨、吕祖、庄子、梁家祠堂11洞。中台西侧悬崖名"瀑珠岩",岩上有千年古柏突兀在绝壁之上,酷似蟠龙,龙须翠绿,鳞爪森然,神形兼备,超凡脱俗。悬崖下水流如注,淅沥声声,泉水清澈而涟漪不断,与龙呼应,动静结合,自然和谐。上有蟠龙腾跃,下有泉水叮咚,龙泉寺之名由此而来。

龙泉寺奇特之处在于一年四季滴水不断,寺因之闻名,山因之增色。龙泉水经国家地质矿产部化验,为优质天然矿泉水,其中含锶 $0.392 \sim 0.630$ 毫克/升,比一般水高出数倍,具有软化心脑血管、生津利尿等功效。

碑林也是龙泉寺一个颇具特色的人文景观。此处所立石碑,依地势而设,不拘形式,随处可见。每年农历四月初二为传统庙会,当天上山朝拜、观光者多达万人以上。

近年来,按照"生态旅游县"的定位,数条以龙泉寺为中心的旅游线路相继开通,必将吸引越来越多的游客。

4 古今灵台

灵台位于灵台县城中心,系周文王攻灭密须国后,为祭天昭德、与民同乐而建,时在公元前1062年。

据清顺治《灵台县志》和民国《重修灵台县志》记述,文王所筑灵台为土筑高台,面河背山,高约两丈,底宽一丈五尺,顶方仅容一席。台上旧植柏树一棵,于清光绪二十七年

（1901）枯死。古灵台曾两次毁灭，又两次重建。民国旧志
《灵台专集》记：民国 17 年，县南城塌陷，驻军修建营房，
无土修筑，当局即掘灵台古址以用。南城塌陷补起来了，驻军
营房树起来了，但文王当年"经之营之"的古灵台却消失了。

　　民国 22 年（1933），新任灵台县县长张东野，在原址重修
灵台。此灵台，台基夯土板筑，青砖包面，"高二丈八尺"，两
侧辟台阶迂回通顶，台面建木构八卦亭，内供文王神像。亭顶
脊兽飞檐，楣列斗拱，南北设门，雕梁画栋。重修灵台落成后，
张东野复绘图说，呈请民国政府主席林森、行政院长汪精卫及
孙科、李宗仁、戴季陶、陈果夫等各院部要人，朱绍良、韩复
榘、邵力子、刘峙、傅作义、杨虎城、段祺瑞等各省军政大员、
社会名流寄赠题字，凡 130 余件，遂勒石刊碑，周镶于灵台上下。

　　灵台二次被毁发生于 1966 年"文革"时。改革开放后的
1984 年再次重修。《重修灵台碑记》曰："无灵台何以有灵台
县名？毁台之举民众莫不痛心疾首。国运转兴，百废待举，重
修灵台民心所望。党政既定复台之议，省、地拨款资助，遂于
1984 年 8 月破土兴建。"新修灵台，从旧址前移于台地断面之
下，依崖拔地起建，底筑基台，上树四层楼体，顶建仿古殿
堂，内供文王塑像，通高 78 尺，周回 288 尺，琉璃溢彩，红
柱流光，雕梁画栋，雄姿巍峨。台下左右断面复筑靠山亭三
层，台侧两翼傍廊亭二重，辟为碑林，共镶嵌民国军政要人题
赠、现代党政领导题词、历代名碑复制品及其他历史旧碑共
192 方。灵台自落成至今，各界人士游览参观者甚众，名气远
播，是周文化在泾渭流域的又一景观。

5 莲花台

莲花台位于华亭县城西南 35 公里处的青龙山顶，景区面积 118.8 平方公里，现为省级风景名胜区和省级森林公园。

莲花台山势奇、险、峻、秀，素有"人修的龙门洞，天生的莲花台"之赞语。步入山谷曲径仰视，两侧峰峦高耸接天，仅显一线亮色，其间有老虎崖、大象观天、佛爷岩、茂林金字塔、双塔竞秀、独塔当关等峥嵘突兀的石崖各现奇特之势。景区内怪石嶙峋，千姿百态，有形似三层宝塔的大石笋"天王塔"，有镶嵌于一悬崖顶部的"明镜"青龙潭，有惟妙惟肖的兽形巨石"镇龟峰""藏虎崖"，有裸露山野、茕茕孑立的"蘑菇崖""菩萨脸"，还有令人望而生畏的"山鬼把门""仙人桥""大象吸水"等景点组成的"鬼门关"……

莲花台树木参天，四季风光迥异。春季，山花盈野，五彩缤纷；盛夏，碧海绿涛，莽莽苍苍；深秋，青、黄、红、褐，色彩斑斓；隆冬，银装素裹，一片洁白。

相传，莲花台古有庙宇 200 多间，唐、宋、明、清屡有增修，"文革"中尽遭劫毁。现仅存 20 多通石碑和零星佛龛、塑像。

莲花台旅游资源开发起步较晚，目前，已与市内其他旅游景区连为一体，前景广阔。

6 柳 湖

柳湖公园位于崆峒区崆峒大道中心地段，总面积 199 亩，湖水面积 56 亩，绿化面积 106.2 亩，建筑面积 15.2 亩，道路面积 21.6 亩。园林绿化植被主要以旱柳、油松、侧柏、刺柏、云杉等为主，其中重点保护古树名木（旱柳）167 株，即人们所称的"左公柳"。

柳湖是陇东黄土高原的人工园林，2008 年晋升为国家 AAA 级旅游景区，"柳中湖，湖中柳"为其独特景观。若沿着石阶幽径信步漫游，可见柳荫葱茏，湖光潋滟，花圃错落，亭台玲珑；若画舟轻泛，则令人心旷神怡，流连忘返。暮春时节，柳絮轻扬，弥漫柳湖，被人们誉为"柳湖晴雪"，为平凉八景之一。公园西南角，还有一眼天然暖泉，泉侧立有左宗棠手书"暖泉"石碑一通，也是久负盛名的景点之一。

柳湖始建于宋神宗熙宁元年（1068），时任渭州知府蔡挺在此引泉开湖，移花植柳，建造了避暑阁、柳湖亭等。明嘉靖年间，被韩藩昭王占为苑囿。清乾隆二十九年（1764），平凉知府汪沄在此扩池修亭，始建柳湖书院。同治十二年（1873），陕甘总督左宗棠驻兵平凉时再次修复，并亲书"柳湖"匾额。光绪三十一年（1905），改柳湖书院为陇东中学堂。新中国成立后相继被一些学校、单位占用。1977 年后各单位迁出，辟为公园，新修了南、北、西、东大门，东扩了柳湖水面等。园内现建有观澜阁、水云阁、玄鹤楼、左公亭、韩王亭、渭州桥、儿童游乐园等景点 10 余处。

柳湖公园四季游人不断，人们或漫步曲径，或荡舟湖中，或柳荫垂钓，或花圃觅芳，所到之处皆有乐趣，真是"柳湖饶有西湖趣，惹得骚人兴自长"。

7 朝那湫

庄浪县郑河乡上寨村有一对姊妹湫叫"朝那湫",它高卧于海拔2800米的关山之上,是黄土高原上罕见的山顶湖泊。

朝那前湫和后湫相距不足半里,广约50余亩。前湫状若卧蚕,其深莫测,冬夏旱涝无所增损,四周青黛环拱,绿草茵茵;后湫形似弯月,湫内遍生红色水草,犹如胭脂溶入其中。夏秋之际,湫内青波荡漾,落日熔金,湫畔牛羊遍野,牧笛悠扬,极富诗情画意。

朝那湫虽然隐居关山深处,却有着不同凡响的身世。据《史记》记载,秦国曾在此处立祠,祭祀商朝大臣巫咸。秦惠王与张仪合谋伐楚时,曾刻《诅楚文》于石上,投入湫中,祈求巫咸大神助秦克楚。传说汉安帝、桓帝也三次驾临朝那湫,祈求湫神护佑。另据地方志记载,宋乾德年间,陇干有严辉、严茂兄弟御边有功,晋封为王,封地于朝那,又在境内射杀猛虎,为民除害,当地群众感其恩泽,故将朝那祠改为惠泽庙,敬飨香火。此外,民间还流传着许多有关朝那湫的传说故事,如"天牛移湫"的故事、"湫中有金蛤蟆能呼风唤雨"的故事等。

神奇秀美的关山"天池",山因水而雄奇,水因山而妩媚,山水相映,自成气魄,是一处得天独厚的自然生态旅游胜地。它必将如明代才子赵时春所期待的"莫汤深潜空自守,拟乘云雨共飞骞"那样,走出关山,走出陇原,向世人展示它迷人的身姿。

8 中国工农红军长征界石铺纪念园

　　静宁界石铺是长征中中央战略部署确定的红军三大主力会师的有利"中心基点"和纵横穿插的通道。1935 年 10 月至 1936 年 10 月，红一、二、四方面军先后经过此地。2005 年，界石铺被中宣部、国家发改委、国家旅游局等 13 个部委列入全国 30 条红色旅游精品线路之中。

　　2008 年，在原界石铺红军长征纪念馆的基础上，规划实施了中国工农红军长征界石铺纪念园景区改扩建工程。2009 年 12 月竣工。纪念园占地 35 亩，主要建筑有纪念馆、南大门、爱国主义教育长廊、宣传教育中心、管理接待中心、毛泽东旧居、红军楼等。纪念园布展陈设分为印象厅、缅怀厅、追忆厅、俱进厅、主题雕塑、互动区等，主题鲜明，富有创意。

界石铺纪念园主题雕塑

2013 年界石铺红军长征纪念园又被列入全国红色旅游经典景区，规划完成了《界石铺纪念园景区基础设施可行性研究报告》（二期工程），主要项目是建设游客中心、停车场、给排水及供电、供暖、环卫、绿化、环境综合治理等基础设施。

中国工农红军长征界石铺纪念园景区，是全省乃至全国重要的国防教育、爱国主义教育、中共党史教育基地和 312 国道线上重要的红色旅游景区、乡村休闲旅游景区。

六　文化奇葩

1　华亭曲子戏

华亭曲子戏是一种民间小戏曲，具有鲜明的地方特色。其唱腔由唐宋以来各时期的民歌小调形成的"曲牌"连缀而成，现存曲牌约 50 余种。演唱时，必先以《前月调》或《前背宫》开头，中间可自由选调，结束时也必以《后背宫》和《月尾》煞尾，并要自报家门唱出剧名。

曲子戏的剧目有一百多出，均为小折戏，其内容也多系民间发生的生活琐事。现存剧目有《双官诰》《卖水》《双放牛》《四郎探母》《下四川》等 40 余出。

曲子戏多与社火一起在地摊上演出，演员装扮十分简便，除旦角、丑角画脸外，其他演员均为素面。演出时，戏装一套，戏帽一戴，道具一拿就可上场。表演无程式，全系生活化演出。唱段、道白全用方言。一出戏，一般由两人到五人演出，时间约十分钟。内容简单明了，语言诙谐有趣。

曲子戏的伴奏乐器，文乐主要有三弦、板胡、二胡，武乐以四页瓦、碰铃、木鱼等击节。伴奏者和演员都是业余爱好者，忙时务农，闲时习练。

近几年，由于文化部门的重视，曲子戏开始从农村走向城市。农历正月，一些县直单位往往邀请民间戏班进城演出，为春节增添喜气。

2005 年 12 月，华亭曲子戏被列入第一批国家级非物质文化遗产名录。

2 西王母信俗

西王母信俗即西王母庙会，每年有四次，即农历三月二十日的"西王母庙会"、五月初五的"王母宫庙会"、七月十八日的"王母宫圣诞庙会"和九月的一次庙会。

每年三月二十日是主祭西王母的正会，这个日子是宋开宝元年（968）重修西王母祖庙的日子。这一天，泾川人几乎倾城而动，有的信徒甚至在凌晨 3 时左右即赴祖庙抢烧头香。7 时许，随着宫山顶上那口铁钟浑厚嘹亮的一声巨响，信众们就如同潮水般从四面八方向王母祖庙涌来，其中不但有国内的信众，还有马来西亚、新加坡等地的朝圣团特来认祖、拜谒。

西王母祭祀活动，主要有四个程序，即道场、朝觐、祭坛和采圣水。除各项祭祀活动外，演秦腔、演皮影、杂耍、卖零食等活动也是少不了的。最有趣的莫过于晚间举行的放河灯和放天灯了。

　　一年一度的西王母庙会，不仅是盛大的民俗展演舞台，而且是沟通海峡两岸同胞和海内外侨胞思想感情的纽带、中西文化交流的平台。近年来，除了100多个来自新加坡、马来西亚等地的朝圣团前来祭祖外，还有美、英、法、德等国的民俗专家学者前来观摩、考察。西王母祭祀已经成为促进祖国和平统一、促进世界和平的一个不可忽视的文化载体。2008年5月，西王母庙会被列入第二批国家级非物质文化遗产名录。

3　平凉社火

　　平凉社火原是春节期间以村落为单位进行的一种民间民俗文化活动，以后也延伸到一些厂矿及企事业单位。

　　"耍社火"有的从"破五"（正月初五）开始，有的从"人七"开始，而高峰则在正月十四至十六。社火一般由仪仗队（有"龙凤旌旗"、"虎头牌灯"、锣鼓队、"春官"，"春官"身后有"万民伞""叫花子""害婆娘"）领头；仪仗队之后则是各种形式的表演队伍，有舞狮、舞龙、旱船、大头娃娃、霸王鞭、跑驴、高跷、高芯子、车社火、马社火，近来还有秧歌队、腰鼓队、模特队、健美操队加入，有些地方还有独具地方特色的"仙鹤舞""跑旗"等；此外，小曲戏演唱（曲子戏）也是少不了的。

　　平凉社火具有很强的群体性和观赏性。它阵容庞大，内容丰富，少者三五十人，多者逾百上千，办一次社火就等于是对

平凉社火——天官赐福

本村落（单位）的一次整体展示。在社火的众多形式中，最
具特色者当属"庄浪高台"。

庄浪高台历史久远，在清乾隆时的《庄浪志略》中就有
记载，现已成为当地群众逢年过节必不可少的一项娱乐活动。
自20世纪80年代以来，县里已举办十余届以"高台"为主的
"庄浪艺术节"，每届都有60多架高台竞相参演，观者万人空
巷，累计已逾百万之众，连连获得市、县社火表演一等奖和特
等奖。

高台是一种立体空间造型艺术，制作时，要利用力学原理
和所要扮演的故事内容，经过精心设计，用木椽扎绑或用钢
筋、钢管焊接成各种造型的骨架（即芯子），然后把芯子固定
在一个用方木做成的类似方桌的台面上，甚至还要压上石磨，

用竹杠抬着或安放在车上走动着进行展示。演员被绑在芯子的顶端，高高地悬在空中，随着抬杠的上下闪动，给人以飘飘欲仙、腾云驾雾的视觉感受。旧时，技艺高超的高台芯子，抬芯子者是踩着高跷的，甚至还有从踩高跷者肩上把芯子传递到踩低跷者肩上这样的惊险表演，其高、险、奇、巧，让观众惊叹不已。

庄浪高台是陇原民间艺术中的一朵奇葩，受到各级政府极大的关注，2008 年被列入第二批国家级非物质文化遗产名录。

4 灵台灯盏头

灯盏头戏，又名碗碗腔，最初也叫锣鼓噪，是以演唱皮影为主的特色剧种，因主要击节乐器为小灯盏碗碗而得名。灯盏头最初流行于灵台县新集、龙门、上良、星火等乡镇，后传至平凉、泾川、崇信、安口等县市及陕西的千阳、麟游、陇县、凤翔等县。明清时期就形成了比较完整的剧种、剧目、声腔体系。从民间小曲（民歌形式）到 1958 年被灵台县秦剧团搬上舞台，经历了 300 多年的发展历史，经过一代又一代艺人的不断加工改进，不断丰富，日臻完善。

灯盏头戏的剧目非常丰富，在搬上舞台前有传统剧目 400 余本（折），常演的有 100 余本（折），大多由秦腔剧本移植而来，也有皮影艺人创作的，如《猴子碰头》《闹地狱》《火烧李儒》《刘木礼吃面》《玄人锄谷》等。搬上舞台后，又先后创作移植了《井下炮声》《送肥记》《争先恐后》《分家》

等大量现代剧目，并多次参加省、地戏曲调、汇演。特别是现代剧《向秀丽》《挑女婿》，历史剧《赤桑镇》《槐荫配》《花亭相会》《吹鼓手招亲》及创作剧《分家》上演后，多次受到省、地级的奖励。

灯盏头戏的乐队包括文乐队和武乐队。文乐队主奏乐器为二弦或板胡，还有二胡、三弦或琵琶、大提琴（或低胡）、笛子、洋琴，有条件时也可加入管乐。武乐队以灯盏头、莲花板击节，还有暴鼓、堂鼓、勾锣、铙钹、铰子、梆子等打击乐器。灯盏头的唱腔音乐为板式变化体，共有五种板式，即二六板、慢板、带板、尖板和滚板，均为徵调式。

2004 年，灯盏头戏被首次公布为省级民族民间文化保护项目，2006 年被列入第一批省级非物质文化遗产名录。

5 平凉纸织画

纸织画作为民间工艺美术品，已有 1300 多年的历史了。它融中国画与编织工艺为一体，在素雅、和谐、静穆、朦胧的艺术气韵中，更突出中国画的深邃意境，曾与杭州丝织画、苏州刺绣、四川竹簾画并称为"四大家织"。明藩韩王曾将其作为贡品敬献朝廷。

纸织画工艺制作精巧复杂，名家巧手也需累月继日方能完成，而且必须在适宜编织的中国画原作上进行手工编织，一幅原作仅能编织一幅纸织画。纸织的作用在于冲淡原画稿的色泽浓度，突出纸织网点的立体艺术效果，其画面如浮云轻纱、烟笼雾锁，观之似隔簾赏月，高雅深远，妙不可言。纸织画独特的风格与色泽，是一般绘画、刺绣品无法表现的，正如古诗所描述的"是真非真画非画，经纬既见分纵横"。因此，深受历代文人雅士的珍爱，具有极高的欣赏价值、艺术价值、社会价值和收藏价值，是馈赠友人的佳品。

《中国文化报》《工人日报》《中国民族报》《甘肃日报》《兰州晚报》及中央电视台、甘肃电视台、平凉电视台等多家媒体对纸织画产品做过宣传报道。央视 2001 年第 48 期《综艺大观》栏目、2004 年 3 月 3 日《权威访谈》栏目对其独特的"工于内而秀于外"的工艺向全国做了展示。产品深受海内外友人的赞誉，被称为"艺苑奇葩"。2003 年 9 月，平凉纸织画应邀赴京参展，在全国 1000 多位参展商、3000 多个展品中独树一帜，受到专家的高度赞扬，被中国文物学会授予"2003 中国首届文物仿制品暨民间工艺品展"金奖。2005 年 4 月被平凉市人民政府冠名为"平凉市首批文化旅游指定纪念品"。2008 年被列入第二批省级非物质文化遗产名录。

6 崆峒武术

崆峒武术作为中华武术的一个流派，久负盛名。它源于崆峒山下、泾河两岸。流传至今的五大门派、十二个拳种、三百多个武术套路，各有师承，名人辈出。

近百年来，崆峒武术的内涵和外延都发生了质的变化，它不仅包括崆峒山道家留传下来的武术套路，还包括近百年来传入平凉的多种拳法和套路以及近三十年传入平凉的通背、劈挂、翻子、八极、八卦掌、形意拳等。

据《续资治通鉴长编》记载，宋仁宗庆历年间，葛怀敏定川砦战败后，西夏兵南下抢劫，崆峒山僧人法淳等师徒曾在崆峒山保护数万群众及御书院的安全，朝廷赐法淳等人紫衣以作奖赏。这是对崆峒武术的最早记载。

道光、同治年间，一些武术家不拘于在本地传艺，来到平凉课徒授艺。如擅长拳脚、串子（擒拿）的陕西泾阳人王复盛（其孙王麟武十岁习武，1956 年曾来崆峒山拜韩道士为师，学得猴拳、棍术、鞭杆术等）。民国初，又有精查拳、枪术、刀术、技击、散打的河南桑坡回族拳师郭景华、丁鸿奎，擅长棍术的陕西泾阳人杨振纲及精通红拳、炮拳、棍术的陕西人王耀东等来平凉授徒。兼容并蓄的结果，使今天的崆峒武术不仅有崆峒山道家流传下来的武术套路，还包括了北派武术的 12 个拳种、300 多个武术套路，较为流行的套路有 60 多个，其中有多种拳、掌、刀、枪、棍、剑、鞭、锤、镖及对打（练）套路。

崆峒武术，英杰辈出，代有传人，马恒福、居世安、童天祥三位老先生武艺精湛，武德高尚，为发展崆峒武术作出了杰出贡献，已被列入《中华武术名人录》中。

近年来，崆峒武术已走出平凉，走向更加广阔的天地。2005 年 8 月，由国家体育总局武术运动管理中心、中国武术

峆峒武术（祁玉成摄）

协会主办，甘肃省体育局、平凉市人民政府承办的"崆峒杯第五届全国武术馆（校）武术比赛"，在平凉崆峒区隆重举行。在 19 个省市的 44 支代表队中，平凉武术馆和崆峒文武学校分别取得了女子南拳第一名、刀术第二名、传统拳术第六名、长拳第二名、棍术第三名、剑术第六名以及男子 65 公斤、60 公斤级散打冠亚军的好成绩，让来自全国各地的武林高手目睹了崆峒武术的风采。2008 年崆峒武术被列入第二批省级非物质文化遗产名录。

7　安口陶瓷

华亭县的陶瓷始烧于该县砚峡乡境内，后因陶土不继，迁至安口杨家沟，已有两千多年的历史。《中国陶瓷史》中"宋代窑址分布图"，标明华亭系西北旧窑址之一。安口杨家沟曾出土过宋、辽、金时的瓷片。明朝时，其陶瓷工艺已很先进，有"陇上窑"之称。

清道光时期，由祁文玉等人创烧的大瓷缸面世。光绪年间，张正元在长沟岭开采黄釉时发现了白釉，从此开始烧制白釉瓷器。光绪中期，陕西耀州（今耀县）瓷工路有才等人来到安口，创始了红石浆绘彩白瓷技术，将陶瓷工艺向前推进了一步。民国2年（1913），河南瓷工汪如海与山西阳城瓷工范志昌、陈群阳等人来到安口精制白釉瓷器，与他人共同筹资，从豫州、天津、上海等地购回细瓷石兰色料，制作出半细蓝花白瓷。民国3年（1914），泾川县瓷工张德海又创制了干泥瓷。次年河南瓷工汪如海再次创烧成琉璃瓷和宜兴瓷。以后陆续成功创制了注浆产品和瓷红、瓷绿颜料，使陶瓷花色品种不断增加，质量日益提高。民国30年（1941），安口陶瓷试验所所长、华亭初级陶瓷实用学校校长、中国陶瓷学会会员朱志明（又名朱勋来）与他人集股办起光华瓷厂，进行细瓷试制生产并获成功，从此华亭细瓷问世。民国34年（1945），安口经营陶瓷者有140余家，从业人员3000多人，瓷窑50多座，生产缸、盆、罐、碗、碟、茶具、小杂件、低压电瓷、耐火材料、工艺瓷品等50多种产品，年产700多万件。

新中国成立后，国营安口陶瓷厂成立，先后仿制单刀成型机、大二缸机、干碾机、修坯机，购置破碎机、球磨机等设备，使原料加工由畜拖变为磨碾加工，制坯由手工化变为半机械化，以后逐步进行技术改造，不断提高机械化程度。1981年，建成自动制碗生产线3条，制盘线1条，从泥料配制、成型、干燥、脱模、修坯、施釉各道工序，实施连续流水作业。产品除粗、细瓷外，还生产工业、工艺美术、卫生、园林用瓷器。其中2号缸获甘肃省质量信得过奖，工艺瓷"反弹琵琶"获甘肃省工艺美术百花奖。产品远销陕、甘、宁、青、新、赣、黔、蜀、津等10多个省（区、市），电瓷产品均达国家或部颁标准。安口陶瓷厂为国家机械委员会电瓷定点专业厂和甘肃机械工业总公司电力机械制造行业中电瓷生产重点企业。2008年，安口陶瓷被列入第二批省级非物质文化遗产名录。

8　崆峒笑谈

　　笑谈也叫"笑摊""笑坛"，俗称"谝干传"或"丢丑"，其形成起始于宋元，成熟于明清，盛行于清末和民国初年。宋代孟元老《东京梦华录》中有"谈诨话、装秀才、学乡谈"的记载，明代赵南星《笑赞》中说："世传笑谈，乃其影子也。"

　　笑谈是一种以逗乐取笑为主的民间小戏，主要流行于崆峒区北塬的草峰、杨庄、白庙、香莲和东川的柳湖、白水、花所等乡镇。今流行于草峰、杨庄、香莲等地的"笑谈"，基本上还保留着明朝以来的面貌。

笑谈剧目的题材内容，基本上反映的是农家日常生产生活中发生的各种趣事及青年男女间的爱情故事等，演的是群众身边的事，抒的是群众心中的情，具有深厚的群众基础。

笑谈的表演形式灵活多样，不拘场合地点，不尚浓妆华饰，也没有固定的程式。不少剧目虽有固定的情节，但有经验的民间艺人往往会根据不同情况，临场现编，即兴发挥，融入自己的想象。所以，同一剧目在不同时间、不同地点演出，会产生不同的版本，收到意想不到的效果。

笑谈的多数剧目是以说为主，以唱为辅，如《背板凳》《瞎子看戏》。但有些剧目却是一唱到底，如《相面》《问六月》，还可将"数板"、插科打诨的"套子"或"帽子"、顺口溜、绕口令之类，在不同剧目中加以运用，只要能逗人发笑、引人回味，又不脱离剧情就好。现存剧目有《闹老爷》《两亲家打架》《二瓜子赶车》《拉熊》等50余出，均为小型剧目。

笑谈的行当，仅有丑、生、旦三种，以丑行为主，有官丑、小丑、老丑和媒旦、妖旦等，角色极尽丢丑耍怪、风趣幽默之能事，极富娱乐性和感染力。

笑谈的音乐，具有兼收并蓄、广纳博采的特性，不同人物唱不同的调，秦腔、眉户、曲子戏、民歌小调，甚至流行歌曲均可拿来，显示出"南腔北调、异彩纷呈"的独特风格，是一种综合性戏曲。其伴奏乐器分文、武两个场面，文场以板胡为主，辅以二胡、唢呐、三弦、笛子等，武场以干鼓、牙子、梆子、碰铃敲击节奏，以铙钹、小锣烘托气氛。

笑谈艺人多在区域性师徒间或家族内部传承。现知最早的笑谈艺人是清代嘉庆年间草峰乡的"犟牛"（绰号）和道光年间的张成德，经子孙相传现均已至第五代。2006年崆峒笑谈被列入第一批省级非物质文化遗产名录，采取普查、整理、录音录像、分类建档、举办"笑谈"专场演出和组建培训班、业余笑谈剧团等多项措施，进行抢救性挖掘和保护。

9 马尾荷包

马尾荷包，顾名思义就是在普通荷包外面套上一层用马尾毛编织成的网套和花边。马尾荷包制作工序复杂，工艺精细，图案优美，多是荷花、荷苞花、莲生贵子、金鱼嬉莲、如意牡丹、玉兰富贵、祥和兰花、缠枝葫芦、长寿灵芝、金蟾蜍、钱串子、花瓶、十二生肖等有吉祥寓意的图案。庄浪马尾荷包色调明快，是荷包中的佼佼者，具有很强的装饰性和收藏价值，也是馈赠佳品。过去皆出于农村巧妇绣女之手，为纪念传统节日端午节而作，现已走向城镇，开始规模化生产，被指定为平凉市首批文化旅游产品。2006年10月，被列入第一批省级非物质文化遗产代表作名录。

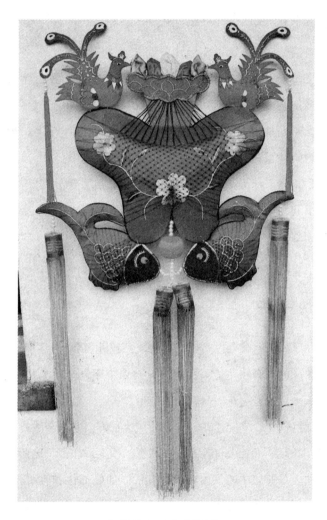

马尾荷包（史建梅摄）

七　现代风貌

　　新中国成立后，平凉各族人民在中国共产党的领导下，建立和巩固了人民政权，完成了社会主义改造，确立了社会主义制度，开始了社会主义建设。党的十一届三中全会召开后，全市工作重心转移到经济建设上来。跨入 21 世纪至"十二五"以来，平凉市委、市政府以邓小平理论、"三个代表"重要思想和科学发展观为指导，在践行"中国梦"的过程中积极开拓进取。抓住全面实施西部大开发战略的机遇，加快建设陇东国家级能源化工、全国农区绿色畜牧、全国优质果品和西部人文生态旅游四大基地，持续不断地在煤电煤化工开发、重大基础设施建设、现代农业发展、城市规划建设管理、文化旅游产业、改善民计民生六个方面集中突破，全市呈现出经济快速增长、质量效益稳步提升、民计民生显著改善、社会和谐安定的良好态势。

工业发展确定新格局

　　新中国成立之初，平凉工业依靠国家和集体的力量，在

"一穷二白"的基础上白手起家，自力更生、艰苦奋斗，利用资源优势，初步建立起一批具有地方特色的针织、毛纺、造纸、水泥、地毯、皮革、制药等中小型骨干企业。

从 20 世纪 60 年代初至 90 年代末，通过工业调整，关停并转了 10 多户企业。对 35 户企业进行了改造扩建、挖潜配套，实行承包租赁经营制，倡导兴办乡镇企业，股份制和股份合作制步伐加快，初步形成了生产、加工、销售一体化的生产格局，负债较重的纺织、机械、造纸、皮革及制品业多数停产。

进入 21 世纪后，确立了以甘肃煤电基地为重点、建立主导型产业格局的发展思路，打造煤、电、冶、化产业链，加快建材、生物制药、机械制造、食品加工、皮革制品五大优势产业，积极推进 312 国道平凉段沿线和八个县级工业园区建设。2002 年，平凉工业园区成立，现已入驻华泓汇金煤化公司、酒钢集团煤电化循环经济项目、平凉电厂、平凉半导体碳纤维复合材料产业园、平凉光伏产业园等大型工业企业 10 余家，为打造省级工业园区奠定了坚实基础。

农业产业打造新亮点

平凉是一个传统的农业地区，盛产麦、粟、黍、豆、油菜、胡麻等粮油作物，梨、桃、杏、李子、柿子、核桃、土豆、百合、山药、萝卜、白菜等多种果蔬和药材，大麻等经济作物。新中国成立后，经过土地改革、农业合作化、人民公社、实行家庭联产承包责任制之后，农村生产生活条件得到一定改善。

进入 21 世纪撤地设市后，随着社会主义新农村建设的开展，大力发展特色优势产业，加快推进农业产业化，调整种植结构，初步建立了新的农村经济格局。按照"抓龙头、建基础、拓市场"、培育壮大主导产业的思路，狠抓草畜、果菜产业，全力打造"平凉红牛""平凉金果"两大品牌。已建成标准化养殖小区（场）379 个，发展规模养殖户 13542 户，2011 年全市牛饲养量突破 100 万头，出栏 39.4 万头，居全省农区之首。果菜产业从 20 世纪 80 年代末起步，通过示范引导、科技服务、行政推动，加速了规模化、标准化发展步伐，全市苹果种植面积累计达到 160 万亩，55% 的乡镇成为苹果万亩乡镇、30% 的村成为千亩村。同时，积极组织劳务输出，年输转劳务 47 万人（次），创收 40 多亿元，农民收入大幅度提升。

商贸业重塑"旱码头"形象

平凉为古丝绸之路的"旱码头"，历史上是唐蕃互市、店肆陈列、商贾云集、贸易活跃的地方。新中国成立初期，全区商贸购销、储运主要由国有企业经营，有百货、文化用品、纺织、五金、交电、化工、煤建、石油、医药 9 大类。

1992 年，在崆峒区建成了"平凉商城"，建筑面积 4 万余平方米，分 8 个批发区，吸纳了江苏、浙江、湖北及本地的 1200 多家商户，批发辐射到平凉、庆阳、固原 3 地（市）10 多个县（区），集日用百货、服装、布料、针织、玩具、床上用品、五金、电料、电器、灯具、家具等 12 大类 6 万多个品种，成为陇东地区最大的商品集散中心。

2011 年，世博伟业建材市场建成。其后，宏达国盛集团与浙商实力企业联合打造的平凉风尚吉伍国际商贸建材市场相继投入建设。该项目总投资 3.8 亿元，占地 198 亩，总建筑面积 13.8 万平方米，全部建成后，将成为陇东地区规模最大、辐射最广、设施超前、管理规范、服务一流的家居装饰建材大型专业市场。随着招商引资力度的进一步加强，平凉将成为陇东地区最大的物流中心。

科教文卫事业稳步发展

1960 年平凉地区科学技术委员会成立，先后建立了农业、林业、农业机械化、水土保持、地方病防治、工业、科技情报和核桃 8 个科研机构，又逐步在地具（市）、乡镇建立各种推广服务机构 312 个。其中农业技术推广站（中心）137 个，畜牧兽医工作站（中心）137 个，植保植检站 5 个，种子公司 16 个，林业技术推广站 9 个，林业病虫害防治站 8 个。全市科技事业发展速度逐年加快，以科技兴工为重点，研究和推广了一大批科研新成果。现全市有各类专业技术人员约 2.5 万人，其中高级技术人员 400 多名。

新中国成立之初，今辖区内有小学近 700 所，在校学生约 5 万人。之后陆续建成了一批新学校，学生数量不断增加。到 1979 年，全区有小学 3040 所，在校学生 32.77 万人，教职工 11538 人。1994 年和 2001 年，对乡村小学进行了两次撤并，现存小学 2184 所，适龄儿童入学率 99.32%。中等学校在新中国成立之初为 7 所，在校生 1600 多人。到 1989 年，全区普通中学已达到 137 所，在校学生近 8 万人。到 2000 年底，全市共有各类普通、职业中学 164 所，在校学生 9.6 万人。2003 年 7 月，平凉医学高等专科学校挂牌成立，从而结束了平凉没有高等院校的历史。

近年来，全市文化基础设施逐步完善，改造、新建了市、县剧院及文化馆、图书馆、博物馆各 8 所，重修了柳湖书院，新建乡镇综合文化站 86 个（总数达 102 个）、乡村体育活动场所 853 个，实现了 1516 个行政村农家书屋和文化信息资源共享工程全覆盖。1976 年 9 月，平凉首座电视差转台建成。1985 年 3 月，平凉地区电视台建成开播。2007 年 11 月，平凉市级人民广播电台正式开播，随后，又进行了电视数字化改造，基本实现了农村广播电视"村村通"。

1952 年，全市有县人民医院、中医院 7 所，人员 168 人，床位 107 张。1985 年平凉县（区）级医院 14 所，人员 1225 人，床位 2188 张。到 20 世纪 90 年代末增至近 20 所，人员近 2000 人，床位 3000 多张。至 2013 年底，全市各类医疗机构达 190 个，病床 4208 张，拥有各类卫生技术人员 4440 人。卫生及计划生育基础设施进一步改善，三级卫生医疗保健网基本健全。

交通邮电四通八达

新中国成立之初，平凉境内交通主干道只有西兰公路 240 公里的一段路。到 20 世纪 80 年代末，通过新建、改造、加固、拓宽等方式，国道、省道和等级公路不断增加。

2012 年，银（川）武（汉）、平（凉）定（西）、西（安）长（庆桥）凤（口）高速公路建成通车，全市公路总里程达到 2655.36 公里，公路密度居全省第二位，形成了以312 线国道和天水—平凉、银川—平凉、宝鸡—平凉等省道为骨架、县乡道路为支点的四通八达的公路网。1995年，宝中电气化铁路建成通车，平凉首次有了铁路运输。正在修建的西（安）平（凉）铁路、天（水）平（凉）铁路通车后，平凉将成为西（安）、兰（州）、银（川）三角地区的交通枢纽。

新中国成立至改革开放前，平凉邮电业务主要是信件信函、挂号回执、装钞保价、稿件邮资总付、报纸杂志、包裹汇兑、机要通信、集邮、邮政储蓄等，增加的有电报、电话（分长途电话、市内电话和农村电话）等。

1993年3月，平凉人工、数字寻呼台首次开通，1997年5月自动台无线寻呼系统（126）建成投入运营。1994年5月，平凉地区邮电局筹建的450兆集群电话（即大哥大）正式开通，第二年，模拟900兆蜂窝式移动基站建成。1998年9月，全区GSM数字蜂窝式移动通信基站开通。2000年8月以来，中国联通、中国移动、甘肃省电信公司先后入驻平凉，开始运营，多媒体通信等先进的通信技术得到广泛应用，城乡群众都能享受到方便快捷的通信网络服务。

城建旅游品位大提升

1994年至今，平凉城区（崆峒区）逐年实施了"两通两达""四通八达""一线三点""六纵九横""两路一园八配套""六通五建""一带两区三园四路五建""三十工程""四纵十横""两路一园八配套"等旧城改造工程，彻底改变了平凉城区自古一条"十里长街"的旧貌。城区建成面积由16.8平方公里扩大到36平方公里，城镇人口达30万人，初步形成了中等城市的框架。城区绿化率达 32%。城市化水平不断提高，城市功能不断完善。

近年来，平凉市充分发挥人文历史、名胜古迹和自然生态优势，着力打造以崆峒山旅游区为中心，以泾川旅游区、关山休闲避暑旅游区、灵台文化旅游区和葫芦河农业生态观光旅游区为基点的旅游格局。"十一五"期间，先后投资 20 多亿元，实施了崆峒古镇·问道驿站、崆峒山景区综合开发、泾川大云寺博物馆等一批旅游项目，初步形成了连接周边城市的旅游经济圈，累计接待游客 1276.5 万人（次），旅游综合收入 44 亿元。"十二五"时期，平凉坚持景区建设与宣传推介齐抓，设施配套与规范管理同步建设的原则，努力把平凉市建设成为环境优美、设施完善、特色鲜明的西部人文生态旅游基地和中国最佳旅游城市。

招商引资结硕果

为进一步扩大开放，积极引进资金，平凉市先后制定了《平凉市鼓励引导外商投资若干政策规定》和《平凉市实施西部大开发战略优惠政策》，并筛选推出数十个重点建设项目，供国内外企业和实业界人士选择投资。自 2002 年 3 月，天津大红碗食品有限公司在静宁县投资两千多万元的两条生产线破土动工后，相继有华亭煤电股份有限公司、平凉红牛集团暨平凉牛产业协会、华亭煤业大柳煤矿有限责任公司入驻，以及平凉祁连山日产 2500 吨新型干法水泥生产线、平凉电厂 4# 机组、中水电华亭发电公司 2×14.5 万千瓦矸石发电机组项目、华亭中煦煤化工有限责任公司 60 万吨煤制甲醇项目、静宁通

热电厂

达果汁生产线项目、平凉海螺一期日产 4500 吨新型干法水泥生产线项目、崇信伊顺祥清真牛业公司肉牛屠宰生产线项目、酒钢集团投资 437 亿元的煤电化循环经济项目、泾川福润禽业3000 万只肉鸡宰杀生产线项目、华亭中煦煤化工有限责任公司 20 万吨聚丙烯项目、平凉华泓汇金煤化公司 180 万吨甲醇70 万吨烯烃项目、泾川天纤棉业公司棉纱生产线项目、甘肃陇能能源化工公司煤转化循环经济项目等大中型招商引资项目开工建设，带动了平凉经济的飞速发展。

承办节会展示平凉新形象

近些年来，平凉人民以更加开放的心态和诚挚的热情，先后成功举办了全国甲级篮球邀请赛（1989）、第八届（1996）和第十六届（2004）中国西部商品交易会、崆峒杯第五届全

青山绿树映矿区

国武术馆（校）武术比赛（2005）、第七届全国机器人足球锦标赛（2006）、全国武术散打精英赛（2007）、全国乡镇企业中小企业东西合作贸易洽谈会（2008）、第六届世界养生大会（2012）、首届皇甫谧故里拜祖大典暨《针灸甲乙经》学术思想国际研讨会（2012）、中国·灵台中医针灸（国际）学术交流大会暨皇甫谧文化节（2012）、第九届中国民间艺术节（2012）、2012中国苹果年会和中国名山（崆峒山）登山赛（2013）等国家级节会赛事，平凉受到国内外越来越多的关注。

通过多年的艰苦努力，平凉已摆脱了贫穷落后的面貌，到2011年底，全市地区生产总值完成276.19亿元，全社会固定资产投资完成315亿元，大口径财政收入、地方财政收入分别达到 36.36 亿元和 16.01 亿元，社会消费品零售总额 103.15 亿元，城镇居民人均可支配收入 13354.6 元，农民人均纯收入 3581 元，综合经济实力在全省的排位由 2006 年的第九位上升到第六位。

以"庄浪精神""华煤精神""泾川精神""静宁速度""杨晓明精神""米祥仁精神"为主的精神文明建设不断激励着平凉市人民解放思想，开拓创新。"平凉煤电""平凉红牛""平凉金果""平凉旅游""全国双拥模范城""中国优秀旅游城市""中国果菜无公害十强市""2007 年中国特色魅力城市 200 强"等城市名片使这座千年古城声名日上，名扬全国。在"包容、和谐、务实、进取"的"平凉精神"鼓舞下，平凉人民高举旗帜，加快发展，正朝着建设陇东国家级能源化工、全国农区绿色畜牧、全国优质果品和西部人文生态旅游四大基地和全面建成小康社会的伟大目标大步挺进。

后　记

　　《中国史话》之《平凉史话》终于成稿了。作为"十二五"国家重点图书出版规划项目的组成部分，编撰工作从一开始，就受到了各级领导的高度重视。初始，我们面对浩如烟海的平凉历史长河中那一幅幅优美的画卷和一件件珍闻逸事，深感责任和压力。平凉历史厚重，文化灿烂，英杰辈出，山川览胜，风情万种。所有这一切，我们没有理由不倾心竭力地将平凉最真实、最完美和最生动的内容编写出来。

　　我们先后多次召集平凉文史方面颇有造诣的专家学者对入选和拟定的篇章进行分析、研究和讨论，认真把握未来成型后每一篇文章的含金量。经过反复斟酌推敲，确定分为七章。

　　在书稿的编写过程中，我们着重参考了2006年版《甘肃史话》系列丛书之《平凉史话》以及市辖各县区《史话》的有关内容，有些文章还参考了在书籍报刊上发表的相关文章，特向这些书、文的作者表示感谢。所征集的图片得到了市文广局社文科及市文联、各县（区）文体（广）局的支持和帮助，特此致谢。

太平盛世，写史修志，承上启下，传接文明。《平凉史话》历时数月，五易其稿，我们编辑部的全体同志在备受平凉各级领导和社会各界关注的情况下，为能够弘扬平凉优秀文化，圆满地完成这一光荣任务而感到欣慰。但是，由于时间短，篇幅有规定要求，加之我们的水平有限，本书难免存在遗漏和缺失，还望见谅。

但愿这本书能够较全面地宣传平凉、推介平凉，引起更多读者关注、阅读、交流，真正起到推动平凉社会、政治、经济、文化全面发展的作用，这也是我们为之付出努力所希望达到的目标。

《平凉史话》编委会

2013 年 8 月

图书在版编目（CIP）数据

平凉史话/刘万民主编. —北京：社会科学文献出版社，
2014.10
（中国史话）
ISBN 978 - 7 - 5097 - 5967 - 7

Ⅰ.①平…　Ⅱ.①刘…　Ⅲ.①平凉市 - 地方史
Ⅳ.①K294.23

中国版本图书馆 CIP 数据核字（2014）第 083403 号

"十二五"国家重点图书出版规划项目

中国史话·社会系列
平凉史话

主　　编/刘万民

出 版 人/谢寿光
项目统筹/宋月华　谢　安
责任编辑/许　力

出　　版/社会科学文献出版社·人文分社（010）59367215
　　　　　地址：北京市北三环中路甲29号院华龙大厦　邮编：100029
　　　　　网址：www.ssap.com.cn
发　　行/定制出版中心（010）59366509　59366498
　　　　　市场营销中心（010）59367081　59367090
　　　　　读者服务中心（010）59367028
印　　装/北京鹏润伟业印刷有限公司

规　　格/开　本：889mm×1194mm　1/32
　　　　　印　张：4.75　字　数：102千字
版　　次/2014年10月第1版　2014年10月第1次印刷
书　　号/ISBN 978 - 7 - 5097 - 5967 - 7
定　　价/25.00元